Lese*freunde* 4

**Ein Lesebuch
für die Grundschule**

Herausgegeben von
Irene Hoppe

Erarbeitet von
Marion Gutzmann
Irene Hoppe
Alexandra Ritter
Michael Ritter
und der Verlagsredaktion

VOLK UND WISSEN

Lesefreunde 4

Herausgegeben von:
Irene Hoppe

Erarbeitet von:
Marion Gutzmann, Irene Hoppe, Alexandra Ritter, Michael Ritter

Unter Einbeziehung der Ausgabe von:
Marion Gutzmann, Irene Hoppe, Alexandra Ritter, Michael Ritter

Unter Beratung von:
Carmen Blätter (Schöneiche), Dagmar Diewald (Rositz), Melanie Föhrigen (Dessau),
Jenny Glase (Berlin), Heike Redel (Berlin), Kerstin Wehlend (Biederitz)
und dem Team der Martin-Andersen-Nexö-Grundschule (Greifswald)

Redaktion: Nathalie Contrael, Mirjam Löwen

Illustrationen: Christa Unzner, Katharina Knebel, Uta Bettzieche (Hund + Detektiv,
Kapitelvignetten), Liliane Oser (Piktogramme), Originalillustrationen

Umschlaggestaltung: tritopp, Berlin; Christa Unzner (Illustration)

Layout und technische Umsetzung: tritopp, Berlin

www.vwv.de

Die Webseiten Dritter, deren Internetadressen in diesem Lehrwerk angegeben sind,
wurden vor Drucklegung sorgfältig geprüft. Der Verlag übernimmt keine Gewähr
für die Aktualität und den Inhalt dieser Seiten oder solcher, die mit ihnen verlinkt sind.

Soweit in diesem Lehrwerk Personen fotografisch abgebildet sind und ihnen von der Redaktion
fiktive Namen, Berufe, Dialoge und Ähnliches zugeordnet oder diese Personen in bestimmte
Kontexte gesetzt werden, dienen diese Zuordnungen und Darstellungen ausschließlich
der Veranschaulichung und dem besseren Verständnis des Inhalts.

1. Auflage, 2. Druck 2018

Alle Drucke dieser Auflage sind inhaltlich unverändert
und können im Unterricht nebeneinander verwendet werden.

© 2017 Cornelsen Verlag GmbH, Berlin

Druck: Mohn Media Mohndruck, Gütersloh

ISBN 978-3-06-083668-0 (Schülerbuch)
ISBN 978-3-06-084037-3 (E-Book)

PEFC zertifiziert
Dieses Produkt stammt aus nachhaltig
bewirtschafteten Wäldern und kontrollierten
Quellen.

www.pefc.de

PEFC/04-31-1033

Inhalt

Miteinander leben

Im Winter

Von Tieren und Menschen

Kreuz und quer durch unser Land

Mit Medien leben

Für Krimiliebhaber und Gruselfans

Im Sommer

Lesetraining

Magazinseiten (Leseübungen)

Partnerlesen

Freundeseite

 Eine CD mit den Hörfassungen zahlreicher *Lesefreunde* 4-Texte befindet sich in den **Handreichungen für den Unterricht** (ISBN 978-3-06-083904-09).

In der Schule

Der Lehrer ist kein Zauberkünstler,
sondern ein Gärtner. Er kann und wird
euch hegen und pflegen. Wachsen
müsst ihr selber!

Erich Kästner

Schwerpunkt-Bildungsstandards in diesem Kapitel:
- gezielt einzelne Informationen suchen
- Texte mit eigenen Worten wiedergeben

7

Ferienhits

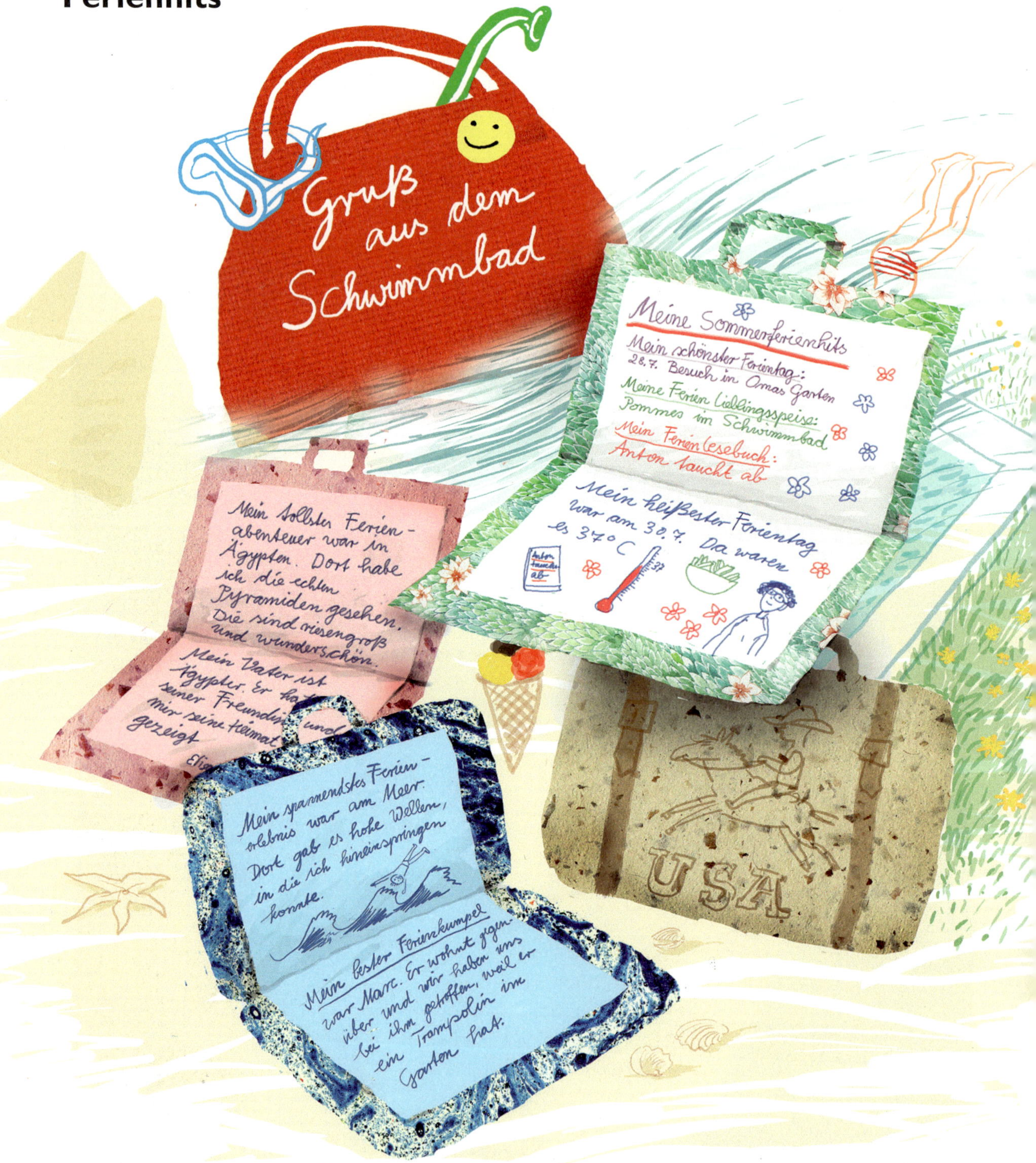

Gruß aus dem Schwimmbad

Meine Sommerferienhits
Mein schönster Ferientag:
28.7. Besuch in Omas Garten
Meine Ferien Lieblingsspeise:
Pommes im Schwimmbad
Mein Ferienlesebuch:
Anton taucht ab

Mein heißester Ferientag
war am 30.7. Da waren
es 37° C

Mein tollstes Ferien-
abenteuer war in
Ägypten. Dort habe
ich die echten
Pyramiden gesehen.
Die sind riesengroß
und wunderschön.

Mein Vater ist
Ägypter. Er ha...
seiner Freundin und
mir seine Heimat
gezeigt.
Elis...

Mein spannendstes Ferien-
erlebnis war am Meer. Wellen,
Dort gab es hohe Wellen,
in die ich hineinspringen
konnte.

Mein bester Ferienkumpel
war Marc. Er wohnt gegen-
über und wir haben uns
bei ihm getroffen, weil er
ein Trampolin im
Garten hat.

USA

🌈 Gestalte ein Koffer-Leporello oder eine Koffer-Klappkarte mit deinen Ferienhits.
Stelle die Ferienhits in der Klasse vor.

Das Ferienerlebnis-Spiel

Die ganze Klasse setzt sich in einen Stuhlkreis. Ein Kind beginnt und berichtet von einem besonderen Ferienerlebnis, z.B. so: „Ich bin das einzige Kind, das in den Ferien bei seiner Oma in der Türkei auf dem Markt war." Sollte sich herausstellen, dass dies auch ein anderes Kind erlebt hat, muss das erste Kind von einem neuen einmaligen Erlebnis berichten. Wenn etwas Einzigartiges gefunden wurde, ist das nächste Kind mit seinem Erlebnis an der Reihe.

Ich bin das einzige Kind, das in den Ferien nach Berlin gefahren ist …

Nein! Ich war auch in Berlin mit meiner Oma.

… Ja, aber ich war dort mit meinen Eltern. Wir haben das Deutsche Technikmuseum besucht. Dort war auch eine Dampfmaschine zum Anfassen.

Leonie

Boris

Und ich bin das einzige Kind, das in den Ferien in den Bergen war …

Nein, da war ich auch. Meine Familie war auf einem Bauernhof in den Alpen …

Behati

… Ja, aber wir waren bei einer Schlucht, in der ein Wasserfall in die Tiefe stürzte. Das fand ich unheimlich!

Lukas

 Lies die Spielanleitung und die Ferienerlebnisse der Kinder. Erkläre einem Partnerkind das Spiel.

Probiert das Spiel in der Klasse aus.

◐ Texte mit eigenen Worten wiedergeben
◐ handelnd mit Texten umgehen: z.B. illustrieren, inszenieren, umgestalten, collagieren

9

So kannst du gezielt zusammengehörende Informationen im Text finden

Schritt 1: herausfinden, wonach gefragt wird

Lies die Aufgabe zum Text genau.
- Wonach wird gefragt?
  Achte dabei besonders auf die Fragewörter:
  Wer …? Welche …? Wie …?
- Was sollst du tun?
  Notiere, wo … **Suche heraus**, wann …

> **Welche** Personen sorgen d…
> zur Piratin ausgebildet wird…

> **Notiere** die Namen und die

Schritt 2: passende Informationen sammeln

Überfliege den Text.
Suche dabei nach Informationen,
die zur Aufgabenstellung passen.
Notiere die Information und
die Zeilennummer.
Prüfe: Passen die Informationen
wirklich zur Aufgabenstellung?

Schritt 3: Informationen verknüpfen

Finde heraus, ob du die gesammelten
Informationen noch miteinander verknüpfen musst,
um die Aufgabe vollständig lösen zu können.

Käpt'n Abduls Piratenschule

Liebes Tagebuch,
nun, hier bin ich also. Mein erster verflixter Tag an Käpt'n Abduls
Piratenschule. Mein verflixter Vater hat mich hierhergeschickt,
weil er sagt, dass ich ein Waschlappen bin. (Weil ich gerne
5 Gedichte schreibe und Bilder male!) Er sagt, die werden mich
schon zurechtbiegen. Er sagt, jedes Kind müsste verrückt danach
sein, Pirat zu werden. Er sagt, als er ein Kind war, hätte er *alles*
getan, um Pirat werden zu können, also muss ich es auch wollen.
Er sagt, ich sollte dankbar sein.
10 Nun, ich sage: „Quatsch!", und ich sage: „Pferdemist!",
und ich sage: „Hoffentlich verschluckt
er seine Pfeife!"

PS: Geheimnis!
Ich habe meinen kleinen Hund, Stups, in
15 meiner Seemannskiste. Er ist der einzige Freund,
den ich auf dieser ganzen verflixten Welt habe!

Liebes Tagebuch,
morgens aufgewacht und raus aus dem Bett. Habe vergessen,
dass ich in der Hängematte lag – habe ein bisschen Kopfweh.
20 Beim Zähneputzen kam Bully-Boy McCoy reingestampft.
„Warum machst du das?" – „Wenn ich das nicht mache, Sir,
werden meine Zähne schwarz und dann fallen sie raus." –
„Und was soll daran verkehrt sein?", fragte er. „Schon mal was
von einem Piraten mit schönen Zähnen gehört?" Und dann hat er
25 meine Zahnbürste beschlagnahmt.
Heute haben wir Piraten-Geschichte gehabt. Portobello Jack
hat uns eine aufregende Geschichte über Calico Jack erzählt.
Sie spielt in seiner Lieblingsgegend – in der Karibik.

Colin McNaughton

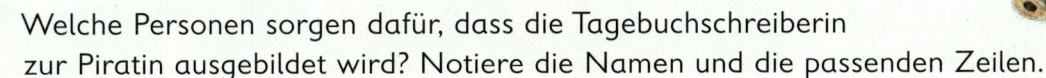

● Welche Personen sorgen dafür, dass die Tagebuchschreiberin
zur Piratin ausgebildet wird? Notiere die Namen und die passenden Zeilen.

Herrn Bremser geht ein Licht auf

Berlin, Ende der 1920er-Jahre: Da seine Mutter krank ist und nicht arbeiten kann, versucht Anton mit dem Verkauf von Schnürsenkeln und Streichhölzern, nachts heimlich etwas Geld zu verdienen. In der Schule schläft er deshalb regelmäßig über seinen Heften ein. Natürlich versteht der Klassenlehrer nicht, warum Anton so müde ist. Da macht sich Antons Freundin Pünktchen auf den Weg, um mit Lehrer Bremser ein ernstes Wort zu reden …

Erich Kästner/Isabel Kreitz

● Wie denkt und fühlt Herr Bremser am Anfang des Comics, wie am Ende des Comics?

● Wie könnte die Geschichte weitergehen? Schreibe oder zeichne einen Comic dazu.

○ bei der Beschäftigung mit literarischen Texten Sensibilität und Verständnis für Gedanken und Gefühle und zwischenmenschliche Beziehungen zeigen; ○ eigene Gedanken zu Texten entwickeln, zu Texten Stellung nehmen und mit anderen über Texte sprechen

AH S.5

Die eigenwillige Geschichte

Eines schönen Morgens, als die Sonne durch
das Fenster in den Klassenraum schien,
tanzte draußen in der Luft eine schimmernde
Wolke aus Fliegen.
5 Ich hörte, wie Mrs Scullery uns sagte, wir
sollten eine Geschichte schreiben.
Natürlich müssten wir vorher einen Entwurf
schreiben, meinte sie.
Also starrte ich nicht länger auf die Fliegen
10 (was ich sehr gerne getan hätte!) und schrieb
stattdessen meinen Entwurf.
Meine Geschichte sollte den und den Titel
haben, so und so beginnen, dann würde
dies und jenes passieren und zum Schluss

15 würde sich das Ganze in der und der Art
und Weise auflösen. Ich schrieb alles
fein säuberlich auf.
Ich zeigte Mrs Scullery meinen Entwurf, und sie freute sich sehr
darüber. Sie lächelte mich sogar an und sagte: „Gut gemacht, Mina.
20 Das ist *sehr* gut, Liebes. Jetzt kannst du deine Geschichte schreiben."
Aber als ich anfing zu schreiben, wollte die Geschichte einfach nicht
stillhalten, wollte nicht gehorchen. Die Worte tanzten wie Fliegen.
Sie sausten davon, in merkwürdige und herrliche Richtungen, und
schickten meine Geschichte auf eine gänzlich unerwartete Reise.
25 Mir gefiel sie sehr gut.

David Almond

🔴 Wer ist mit „ich" gemeint?
Notiere den Namen der Figur und die Zeile.

🌈 Warum denkt das Mädchen, dass ihre Worte
wie Fliegen tanzen?

○ gezielt einzelne Informationen suchen
○ eigene Gedanken zu Texten entwickeln, zu Texten Stellung nehmen
und mit anderen über Texte sprechen   **AH** S.4   15

Magazinseiten

Neue Schulregeln?

Kommt der Lehrer durch das Fenster,
glaubst du wieder an G⭐p⭐s⭐r.

Spielt die Maus Akkordeon,
fährt der Schulbus dir d⭐⭐⭐

Küsst ein Frosch die Lehrerin,
brauchst du nicht zur Schule h⭐.

Fällst du morgens aus dem Bett,
wird …

Gerda Anger-Schmidt

Knobelei

Um zur Schule zu kommen, muss Lina eine 1000 Meter lange Allee entlanglaufen, vorbei an einer Eisdiele und an einem Kino.
Mit dem Tacho am Fahrrad hat sie irgendwann ausgemessen, dass die Eisdiele 530 Meter von der Schule entfernt ist und dass es von zu Hause 750 Meter bis zum Kino sind.
Wie weit sind Kino und Eisdiele voneinander entfernt?

Christa Erichson

Moino liobon losondon Kindor!

Hiormit muss ich loidor schlioßon.
Moino nougokaufto Schroibmaschino ist loidor dofokt. Ich wordo boi dom Horstollorbotriob roklamioron, donn das gowünschto kloino E sioht immor wio oin kloinos O aus.
Bitto ontschuldigt don Fohlor.
Mit froundlichon Grüßon
Euor orgobonor
Schroiborling
R. G.

Reinhard Gundelach

Zwei in einem

SCHULEGUAN

RECHNENATTER

AUFGABENTE

SCHULBUSSARD

KLINGELEFANT

1. Übung zum Aufbau der Sinnerwartung
2./3. Übung zum Überprüfen der Sinnerwartung
4. Übung zur Segmentierung

Lösungen S.196

Wer begegnet sich alles auf dem Schulflur?

HAUS	MA	SCHUL	KRE	TER	RIN
TIK	KLÄSS	MEIS	ERST	MA	TÄ
LEH	RER	SE	LE	THE	RIN

Lach mal über Schule

Die Lehrerin spricht zu ihren Schülern: „Vieles, was unangenehm ist, fängt mit Un- an, z. B. Unfall, Ungeheuer, Unwetter. Kennt ihr noch mehr Beispiele?" Sabine meldet sich und sagt eifrig: „Unterricht."

Finde die 15 Fehler

Konzentrations-Tipp für müde Momente

Wenn du merkst, dass es di[r] im Unterricht imm[er] schwerer fällt, konzentrie[rt] zuzuhören, dann ma[ch] doch folgende Übu[ng]: Massiere deine Ohren vo[m] oberen Rand langsam na[ch] unten hin. Ziehe zu[m] Schluss leicht an deine[n] Ohrläppchen. Wiederho[le] dies von oben nach unt[en] zehnm[al].

1. Übung zur Segmentierung
2./3. Übung zum Überprüfen der Sinnerwartung
4. Übung zum Aufbau der Sinnerwartung

Lösungen S.196

17

Die verflixte Rechenaufgabe

Wir befinden uns im Wohnzimmer der Familie Redlich.
Vater Redlich sitzt gemütlich in seinem Fernsehsessel und
buchstabiert im milden Schein der Leselampe seine geliebte
„Bild"-Zeitung. Mutter Redlich poliert ihren geliebten
Gummibaum. Beider Sohn sitzt über seinen Schulbüchern und
macht seine Hausaufgaben. Er versucht es zumindest …

Komiker Otto Waalkes,
genannt „Otto"

Sohn	Papa!
Vater	(*abwesend*) Ja?
Sohn	Ich hab hier 'ne Rechenaufgabe.
Vater	Meinetwegen. Aber komm nicht so spät nach Hause!
Sohn	Ich hab hier 'ne Rechenaufgabe, die krieg ich nicht raus!
Vater	(*bei der Sache*) Was? Die kriegst du nicht raus? Zeig mal her.
Sohn	Hier. 28 durch 7.
Vater	28 durch 7? Und das kriegst du nicht raus? Elke!! Dein Sohn kriegt 28 durch 7 nicht raus!
Mutter	Dann hilf ihm doch!
Sohn	Was heißt denn 28 durch 7, Papa? Wofür brauch ich das denn?
Vater	Wofür? Wofür? Alle naselang brauchst du das! Stell dir vor, du hast 28 Äpfel, ihr seid sieben Buben und wollt die Äpfel untereinander aufteilen!
Sohn	Wir sind aber nur vier! Der Fips, der Kurt, sein Bruder und ich!
Vater	Dann nehmt ihr halt noch den Erwin, den Gerd und den Henner dazu, dann seid ihr …
Sohn	Der Henner ist blöd. Der kriegt keinen Apfel.
Vater	Na, dann musst du halt sehen, wen du sonst noch auf der Straße triffst.
Mutter	Jedenfalls geht der Junge nicht auf die Straße!
Vater	Gut! Er bleibt hier! Wir haben also keine sieben Buben, sondern nur 28 Äpfel und die teilen wir jetzt durch sieben Birnen, das macht …
Mutter	Aber Hermann! Das geht doch gar nicht!
Vater	Jaja, 's war falsch … Nun macht doch nicht alles so kompliziert! Ihr seid also keine sieben Birnen … äh … Buben … ihr seid sieben … sieben … na! Sieben Zwerge! Jawohl, ihr seid sieben Zwerge.
Sohn	Und?
Vater	Und die haben zusammen eine 28-Zimmer-Wohnung!
Mutter	Ach Gott, Hermann, es gibt doch in der ganzen Stadt keine 28-Zimmer-Wohnung!

Vater	Natürlich nicht! Es gibt ja auch in der ganzen Stadt keine sieben Zwerge, verdammt noch mal! Wenn ich deine unqualifizierten Bemerkungen schon höre!
Mutter	Unqualifiziert! Aha! Und was machen deine sieben Zwerge in ihrer 28-Zimmer-Wohnung?
Vater	Wohnen! Was denn sonst? 28 Zimmer durch sieben Zwerge!
Mutter	Soso! Die geh'n da durch. Hintereinander – wie?
Sohn	Und was macht das Schneewittchen, Papa?
Vater	Die? Sie soll bleiben, wo sie ist, die dumme Nuss!
Mutter	Aber Hermann!
Vater	Ist recht! Ist recht! 28 durch 7! Das muss man teilen. Verstehst du? Wie einen Kuchen! Du hast eine Torte und die teilst du in der Mitte durch. Und dann ist sie geteilt, klar?
Sohn	Ja. Und dann?
Vater	Und bei deiner Aufgabe musst du eben 28 Torten durch 7 teilen, jawohl! 28 Torten. (*laut*) Elke! Ich bin's leid. Kauf jetzt 28 Torten!
Mutter	Für wen denn?
Vater	Für uns sieben!
Mutter	Wir sind aber doch nur drei!
Vater	Dann werden eben noch vier dazugeladen! Die Gierigs. Die alte Raffke! Und der gefräßige Herr Mertens! Kauf die Torten!
Mutter	28 Torten?! Aber das ist ja viel zu teuer, Hermann!
Vater	Für die Bildung von meinem Sohn ist mir nichts zu teuer! Was der Staat mit seiner verhunzten Bildungspolitik nicht schafft, das muss die Familie eben ausgleichen! Jetzt kaufst du die 28 Torten!
Sohn	Aber das ist doch Wahnsinn! Da muss ja jeder von uns vier Torten essen!
Vater	Das werden wir ja sehen, ob wir das schaffen! Wenn ich schon dran denk an das süße Zeug.
Mutter	Ja, dann könnten wir doch …
Vater	Nein! Die Aufgabe wird jetzt gelöst! Kauf die Torten!
Mutter	(*im Rausgehen*) … 28 Torten! Vier Torten für jeden! Das schaffen wir doch nie … (*Vorhang*)

Otto Waalkes

Und wo bleibt der Rest?

🌈 Suche dir Partnerkinder. Überlegt gemeinsam, wie Vater, Mutter und Sohn sprechen sollten. Übt den Text vorzutragen.

🌈 Präsentiert euer Ergebnis.

◗ selbst gewählte Texte zum Vorlesen vorbereiten und sinngestaltend vorlesen
◗ Geschichten, Gedichte und Dialoge vortragen, auch auswendig

19

Lernen ist wie …

lernen ist
wie atmen
ich merke es manchmal gar nicht

wie Pfannkuchen essen
es geht mir warm ein

wie Karussellfahren
mir wird ganz dösig davon

wie an der Leine gehen
wenn mir alles genau vorgemacht wird

wie auf Entdeckungsreise sein
wenn ich selbst was erlerne

wie eine heimliche Glühbirne
wenn mir ein Licht aufgeht

wie eingesperrt sein
wenn ich lieber Fußball spielen würde

Fußballspielen
lässt sich auch
lernen
lernen ist
auf jeden Fall mehr
als ich dachte

lernen verbessert
das Leben
sagt mein Vater
es steht im Lexikon
ich weiß nicht

soll ich das glauben
die vielen Lehrer
die vielen Schüler
warum stinken die Autos noch
aber vielleicht hören sie
auch mal auf damit

lernen ist auch
Angst haben
dass ich irgendwas nicht schaffe
aber wenn ich es schaffe
dann ist lernen
freuen

Irmela Wendt

🌈 Wie ist Lernen für dich? Finde einen
passenden Vergleich im Gedicht.

🌈 Denke dir selbst einen Vergleich aus.
Tausche dich mit anderen aus.

eigene Gedanken zu Texten entwickeln, zu Texten Stellung nehmen
und mit anderen über Texte sprechen

Eine Kiste voll Hoffnung

In vielen Gegenden unserer Erde fehlt
es an Schulgebäuden oder an
ausreichend Arbeitsmaterial für alle
Kinder. In einigen Ländern haben
5 schwere Naturkatastrophen wie
Erdbeben oder Überschwemmungen
Schulen zerstört. In anderen
Ländern gibt es keine Schulen
mehr, weil Krieg herrscht.
10 Daher haben viele Kinder
auf der Welt keine
Möglichkeit zu lernen.

Für diese Kinder hat das Kinderhilfswerk UNICEF die **Schule in der Kiste** gepackt.
Sie enthält Materialien für 40 Grundschulkinder: Schiefertafeln, Kreide, Schulhefte,
15 Radiergummis, Anspitzer, Lineale und Scheren. Zusätzlich findet man darin eine
aufblasbare Weltkugel, ein Radio mit Kurbelbetrieb und eine Uhr. Auch Tafelfarbe
und Pinsel sind dabei, denn aus dem Deckel der Kiste können Lehrerinnen und Lehrer
eine Tafel herstellen.

Die große Metallbox mit dem Material kann
20 überall aufgebaut werden, wo der Unterricht
stattfinden soll. So entsteht ein mobiles*
Klassenzimmer, z.B. in einem Zelt oder unter
einem Baum.

● Tauscht euch in einer <u>Lesekonferenz</u>
über folgende Fragen aus:
  • Warum nützt die **Schule in der Kiste**
    den Kindern in Krisengebieten?
  • Warum trägt der Text diese Überschrift?

● Gestalte mithilfe dieser Seite ein Plakat
über die Aktion. Suche im <u>Internet</u>
unter **Schule in der Kiste** nach weiteren
Informationen.

* mobil = tragbar (<u>Fußnote</u>)

● gezielt einzelne Informationen suchen
● zentrale Aussagen eines Textes erfassen und wiedergeben
● Texte mit eigenen Worten wiedergeben

21

Schulnachrichten ...

Schulbesuch in Uniform

In **Großbritannien** tragen die Kinder in den meisten Schulen vom ersten Schultag an eine Schuluniform, auf die das Schulabzeichen genäht ist.
Jede Schule hat eigene Schulfarben. Diese Schulfarben findet man auf der Krawatte, die Jungen und Mädchen tragen.

Weiter Schulweg

Kinder in **Südafrika**, die auf dem Land wohnen, haben oft einen sehr weiten Weg bis zur nächsten Schule. Viele von ihnen müssen über eine Stunde laufen, bis sie in ihrer Schule sind.
Auf der Hälfte des Weges treffen sich zum Glück mehrere Freunde. Sie haben sich viel zu erzählen, und so vergeht die Zeit schneller.

Partnerlesen

So kannst du üben, Texte flüssig vorzulesen:

Suche dir ein Kind zum Partnerlesen.

1 Lest gemeinsam den Text halblaut vor.

2 Lest nun abwechselnd. Ein Kind liest die schwarzen Zeilen. Das andere Kind liest die blauen Zeilen.

3 Lest den Text noch einmal. Tauscht die Zeilen.

4 Schätzt im Portfolioheft ein, wie ihr den Text jetzt lesen könnt.

● Übe mit einem Partnerkind, den Text flüssig vorzulesen.

🌈 Schreibt gemeinsam ein Rätsel zu einer Schulnachricht auf Seite 22 oder 23. Stellt das Rätsel der Klasse vor.

22 ◯ altersgemäße Texte sinnverstehend lesen – **Basis**
◯ Texte mit eigenen Worten wiedergeben
AH S.2

... aus aller Welt

Lernen fürs Leben

In **Peru*** gibt es ein hohes Gebirge, die Anden. Dort leben hauptsächlich Bauern. Neben dem Unterricht im Schulgebäude lernen die Kinder auch im Freien. Dort bekommen sie praktische Tipps. Die Kinder lernen, wie man sät und erntet oder wie man Schafe, Kühe und Hühner aufzieht.   *Land in Südamerika

Bitte Hausschuhe anziehen!

In **Japan**** würde man niemals mit Straßenschuhen eine Wohnung betreten. Das Gleiche gilt auch für Schulen. Im Eingangsbereich der japanischen Schulen befindet sich deshalb ein „getabako", ein Schuhschrank. Dort stehen Hausschuhe für die Kinder bereit, die sie anziehen, bevor sie in ihre Klassenräume gehen.   **Land in Ostasien

Geld verdienen vor der Schule

Auf den **Philippinen***** müssen viele Kinder morgens sehr früh aufstehen, um Geld für ihre Familie zu verdienen. Danach gehen sie in die Schule und lernen rechnen, lesen und schreiben. Nach der Schule müssen die Kinder oft wieder arbeiten. Kommen sie abends spät nach Hause, kann es schon passieren, dass sie vor Erschöpfung über ihren Hausaufgaben einschlafen.

                ***Land in Südostasien

🔴 Übe mit einem Partnerkind, den Text flüssig vorzulesen.

🌈 Schreibt gemeinsam ein Rätsel zu einer Schulnachricht auf Seite 22 oder 23. Stellt das Rätsel der Klasse vor.

Fünf Tipps für Hausaufgaben-Profis

1 Führe ein Hausaufgabenheft und trage immer
  alle Aufgaben ein. Hausaufgaben, die du
  fertiggestellt hast, kannst du im
  Hausaufgabenheft abhaken oder
  durchstreichen.

2 Lies die Aufgabenstellung mehrmals durch.
  Prüfe, ob du sie wirklich vollständig verstanden hast,
  indem du die Aufgabe mit eigenen Worten ausdrückst.

3 Nimm dir zuerst die leichteren Aufgaben vor
  und dann die schweren.

4 Wenn du dir etwas schwer merken kannst,
  versuche, Eselsbrücken zu bilden
  oder dir Merksätze auszudenken.

> Wer nämlich
> mit h schreibt,
> ist dämlich!

5 Nutze Nachschlagewerke oder Kinder-Suchmaschinen,
  wie z.B. www.blinde-kuh.de.
  Damit kannst du Bedeutungen von Wörtern
  nachschlagen oder dir weitere Informationen
  beschaffen.

 Wähle Tipps aus, die du nutzen möchtest. Schreibe die Tipps in der Ich-Form
  auf Kärtchen und bastle einen Aufsteller für deine Tipps.
  Oder:
  Denke dir selbst einen guten Hausaufgaben-Tipp aus. Notiere den Tipp und
  schenke ihn einer Freundin oder einem Freund.

Im Herbst

Die Namen der Winde

Einer fegt in den Haselstrauch –
gleich regnet es Nüsse.
Eichhörnchen –
        so heißt er.

Vasyl' Holoborod'ko

Schwerpunkt-Bildungsstandard in diesem Kapitel:
○ selbst gewählte Texte zum Vorlesen vorbereiten und sinngestaltend vorlesen

25

Lesetraining

So kannst du einen Text zum Vorlesen vorbereiten, das Vorlesen einüben und einschätzen

Schritt 1: einen Text zum Vorlesen vorbereiten

Lege eine Folie über den Text oder kopiere ihn.
Lies den Text mehrmals leise und halblaut.
Überlege, wie du ihn vorlesen möchtest
(z.B. fröhlich oder traurig, leise oder ...).
Kennzeichne Textstellen,

- die du <u>besonders</u> sprechen möchtest
  (z.B. ängstlich oder nachdenklich, witzig oder ...);
- bei denen du kürzere (|) oder
  längere (||) Pausen machen möchtest;
- bei denen du deine Zuhörer während
  des Vorlesens anschauen möchtest (•).

> Herbst war's.|| Mal schien die
> Sonne,| mal regnete es,| mal blies
> ein <u>kalter</u> Wind.|| Gegen dies ...

Schritt 2: den Text vorlesen üben

Lies den Text mehrfach laut, bis du ihn flüssig lesen kannst.
Achte auf das, was du gekennzeichnet hast.

Schritt 3: den Text vorlesen und den Vortrag einschätzen

Lies den Text einem Partnerkind vor.
Schätze danach selbst deinen Vortrag ein.
Bitte dann dein Partnerkind um eine Einschätzung.

Nutzt solch eine Liste:

	Selbsteinschätzung	Partnereinschätzung
flüssiger und sicherer Vortrag	☆☆☆☆☆	☆☆☆☆☆
Stimme passend einsetzen	☆☆☆☆☆	☆☆☆☆☆
passende Pausen	☆☆☆☆☆	☆☆☆☆☆
Blickkontakt	☆☆☆☆☆	☆☆☆☆☆

◔ selbst gewählte Texte zum Vorlesen vorbereiten und sinngestaltend vorlesen

Herbstwind und Sonne

Herbst war's. Mal schien die Sonne, mal regnete es, mal blies ein kalter
Wind. Gegen dies wechselhafte Wetter hatte sich ein Wanderer dick
vermummt. „Der hat sich gut vorgesehen", sagte der Wind, „aber er
hat nicht an mich gedacht! Wenn ich kräftig puste, hält kein Knopf,
ja der ganze Mantel fliegt davon."
„Gut, wetten wir", sagte die Sonne. „Wer's von uns zweien zuerst
schafft, dass der Wandersmann ohne Mantel geht, soll Sieger sein.
Beginne du."
Der Wind bläht sich wie ein Ballon, schiebt Wolken vor die Sonne,
pfeift, faucht und stürmt. Er packt den Mantel an Falten und Kragen,
doch der Mann wickelt sich nur umso fester in ihn ein.
Ziegel krachen von den Dächern, Boote kentern, Bäume stürzen – der
Mantel hält.
Jetzt zerteilt die Sonne das schwarze Wolkenmeer, sie strahlt und
wärmt. Dem Wanderer in seinem schweren Mantel wird's zu heiß;
er zieht ihn aus, noch ehe die Sonne ihre ganze Kraft entfaltet hat.
So bewirkt Milde oft mehr als rohe Gewalt.

Nach Jean de La Fontaine

● Lege eine Folie über die Fabel und lies sie mehrmals.
  Kennzeichne Stellen,
  • die du besonders sprechen möchtest,
  • bei denen du kürzere oder längere Pausen machen möchtest,
  • bei denen du deine Zuhörer anschauen möchtest.

● Vergleiche deine Kennzeichnungen mit denen eines Partnerkindes.

Herbstliches

Herbst

Der Oktober-Sonnenball
zaubert Blau
in Goldenbraun.

Der Hügelrücken
leuchtet
im Oktoberlicht.

Still wird es
und kühl.

Lasst uns
gehn.

Benedicta Busley

Herbstmorgen

Über dem Meer liegt
ein Nebelschleier.
Gleich löst er sich auf.
Es ist kalt.
Nun scheint die
Sonne über das Meer.

Marie

Herbstmorgen am Meer

Der Nebelschleier
löst sich auf.
Es blitzt und
funkelt.
Die Sonne
lässt
ihren Schimmer
über das Meer gleiten.

Marie

🌈 Sammle auf einem Herbstspaziergang schöne Herbstsätze.
Prüfe und überarbeite sie dann so, wie es Marie gemacht hat.
Schreibe die Sätze wie ein Gedicht auf.

Knospen

Der Himmel war blau, gelbe Baumblätter fielen.
Es wehte kein Wind, doch die Baumblätter fielen.
Was löste sie, was stieß sie zur Erde?
Schon ragte ein kahler Zweig in den Himmel.
Ich zog ihn herab und sah ihn mir an und sah,
dass jedes verwehte Blatt eine Knospe am Zweig hinterließ,
ein Blatt-Ei für den künftigen Frühling.

Erwin Strittmatter

Das Blatt

Vom Winde getrieben flog ein welkes Blatt neben einem Vogel durch die Luft.
„Sieh", raschelte es triumphierend, „ich kann fliegen wie du."
„Wenn du fliegen kannst, so mache mir das nach!", antwortete der Vogel,
wandte sich und steuerte mit kräftigem Flügel gegen den Wind.
Das Blatt aber wirbelte ohnmächtig dahin, bis sein Träger plötzlich den Atem anhielt
und es in ein Bächlein fallen ließ, das klar und munter durch den Wiesengrund jagte.
Nun segelte das Blatt auf den Wellen und gluckste den Fischen zu: „Seht mich an,
ich kann schwimmen wie ihr!"
Die stummen Fische widersprachen ihm nicht; da blähte es sich auf und meinte:
„Das sind anständige Kreaturen*, die lassen einen doch gelten**!"
Weiter glitt es und merkte nicht, wie es dabei aufquoll und schon faul war
durch und durch.

Marie von Ebner-Eschenbach

*Lebewesen
**lassen einen so sein, wie man ist

Welche Gemeinsamkeiten und Unterschiede haben die Texte
auf den Seiten 28 und 29?
Tausche dich mit anderen darüber in der Lesekonferenz aus.

Wähle deinen Lieblingstext aus. Bereite ihn zum Vorlesen vor.
Nutze die Schritte auf Seite 26.

Ge(h)dichte im Wald

Gefunden

Ich ging im Walde
So für mich hin,
Und nichts zu suchen,
Das war mein Sinn.

Im Schatten sah ich
Ein Blümchen stehn,
Wie Sterne leuchtend,
Wie Äuglein schön.

Ich wollt' es brechen,
Da sagt' es fein:
„Soll ich zum Welken
Gebrochen sein?"

Ich grub's mit allen
Den Würzlein aus,
Zum Garten trug ich's
Am hübschen Haus.

Und pflanzt es wieder
Am stillen Ort;
Nun zweigt es immer
Und blüht so fort.

Johann Wolfgang von Goethe

Suche einen Laubbaum mit
einer besonders riesigen Krone.
Gehe den Umriss der Baumkrone
auf dem darunterliegenden
Erdboden ab.
Was vermutest du, wie
viele Schritte du benötigst?
Wie viele sind es
tatsächlich?

Die Bäume

Wir sitzen nicht auf Thronen.
Uns schmeichelt nur der Wind.
Wir haben dennoch Kronen,
die schöner als eure sind.

Erich Kästner

Betrachte den Waldboden.
Vielleicht findest du auch etwas.
Schreibe zu deinem Fund.

Die zwei Wurzeln

Zwei Tannenwurzeln groß und alt
unterhalten sich im Wald.

Was droben in den Wipfeln rauscht,
das wird hier unten ausgetauscht.

Ein altes Eichhorn sitzt dabei
und strickt wohl Strümpfe für die zwei.

Die eine sagt: knig. Die andre sagt: knag.
Das ist genug für einen Tag.

Christian Morgenstern

Werde ganz still und schließe
die Augen. Was oder wen hörst du
im weiten Wald?
Notiere es.

Waldeinsamkeit

Waldeinsamkeit,
Die mich erfreut,
So morgen wie heut
In ew'ger Zeit,
Oh, wie mich freut
Waldeinsamkeit.

Ludwig Tieck

Suche dir eine stille Stelle und
versuche die Waldeinsamkeit
zu erspüren. Sammle mit Augen,
Ohren und Nase Andenken-
wörter, die dich später an den
Waldspaziergang erinnern.
Schreibe sie auf. Sie helfen dir,
selbst ein Waldgedicht zu
schreiben.

Wähle eines der vier Gedichte aus.
Bereite es zum Vorlesen auf einem Waldspaziergang mit deiner Klasse vor.
Nutze die Schritte auf Seite 26.

● selbst gewählte Texte zum Vorlesen vorbereiten und sinngestaltend vorlesen
○ handelnd mit Texten umgehen: z.B. illustrieren, inszenieren, umgestalten, collagieren

31

Im Regen gehen

Im Regen gehen.
Im Regen gehen und singen.
Im Regen gehen und singen vom im Regen Gehen.
Im Regen gehen und singen vom im Regen Gehen und Singen.

Hans Manz

Aufgabe für Pilz-Experten

Im Text sind sechs falsche Buchstaben versteckt.
Zusammengesetzt ergeben diese falschen Buchstaben ein Lösungswort.

Bei einem Herbstspaziergang können Sammler mit geübtem Blick
Pilze finden. Sie wachsen im Wald und auf Hiesen und sehen meist
sehr hübsch aus. Aber Vorsicht!
Manche Pelze sind sehr giftig. Ohre vorherige Kontrolle durch einen
Pilz-Experten bollten sie nicht gesocht und getessen werden.

Scherzfrage
für Herbst-Wanderer

Nach welchen Bergen
sehnen sich die Wanderer?

Der Windbräutigam

Dem Windbräutigam
fehlt ein Windbräutigamskamm
für das Windbräutigamshaar.
Denn der Windbräutigam kann
mit dem Windbräutigamskamm
das Windbräutigamshaar
kämmen wunderbar.
Ist doch klar!

Max Kruse

Herbstentdeckungen

Das Rpflph

Hoch oben im Geäst klettert das hübsche Rpflph. Doch auch auf der Erde kann man es beobachten, z.B. wie es nach Nahrung sucht. Jetzt im Herbst gibt es eine seiner Lieblings-speisen: Nüsse. Diese knackt das meist rotbraune Rpflph in nur kurzer Zeit und verzehrt sie genüsslich. Manche versteckt es aber auch als Winter-vorrat.

Die Schoröh

Bei einem abendlichen Spaziergang am Waldrand sind manchmal laute, seltsame Geräusche zu hören. Das sind die Schoröh, die im Herbst ihre Brunftzeit haben und dabei röhrende, für uns unheimliche Geräusche abgeben.

Die Halala

Die Halala sind die wunderschönen, glänzend roten Früchte der Wildrose im Herbst. Man kann aus ihnen sogar Marmelade kochen oder sie getrock-net zur Herstellung eines gesunden Tees verwenden. Auch den Vögeln und dem Wild dienen die Halala im Herbst als Nahrung.

Die Laxix

Die Laxix zeigt sich im Herbst als ungewöhnlicher Nadelbaum. Tatsächlich färbt die Laxix als einziger Nadelbaum ihre Nadeln gelb und verliert sie schließlich, so wie ein Laubbaum seine Blätter.

Wie heißen die Wörter?

Hallo...nparty   ...unkelheit

Zugvö...l   ...edankfest

...ätterfall   Refo...tionstag

Unwette...   Späther...

Türkischer Schnellsprechspruch

Kartal kalkar dal sarkar,
dal sarkar kartal kalkar.

Deutsch:
Wenn der Adler wegfliegt,
bewegt sich der Ast,
der Ast bewegt sich,
wenn der Adler wegfliegt.

Die Grille und die Ameise

Eine Grille kam bei strenger Kälte zu ihrer Nachbarin,
der Ameise.
„Frau Nachbarin", sagte sie, „leih mir doch bitte etwas
zu essen, denn ich bin hungrig und habe nichts."

„Hast du denn keine Vorräte für den Winter gesammelt?",
fragte die Ameise.
„Ich hatte ja keine Zeit dazu", war die Antwort.

„Keine Zeit, Frau Grille? Was hast du denn den
Sommer über getan?"
„Ich habe gesungen und musiziert", erwiderte die Grille.

„Nun gut", entschied die Ameise, „da du den Sommer
musiziert hast, so magst du im Winter tanzen.
Wer nicht arbeitet, soll auch nicht essen."

Aesop, neu erzählt von Hans Gärtner

● Übe mit einem Partnerkind, den Text flüssig vorzulesen.

◉ Die Ameise findet, dass die Grille im Sommer nicht gearbeitet hat.
Was meinst du? Tausche dich mit einem Partnerkind aus.

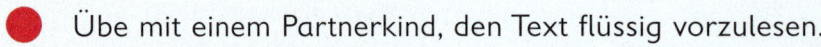
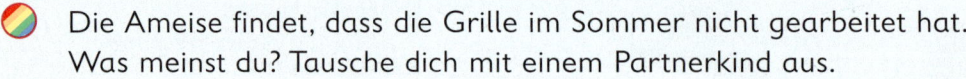

○ altersgemäße Texte sinnverstehend lesen – **Basis**
○ eigene Gedanken zu Texten entwickeln, zu Texten Stellung nehmen
34   und mit anderen über Texte sprechen

Die Ameise und das Weizenkorn

Ein Weizenkorn, das von der Ernte allein auf dem Feld übrig geblieben war, erwartete den Regen, um in die bergende Erde zurückzukehren. Eine Ameise entdeckte es, lud es auf ihren Rücken und schleppte es mit größter Anstrengung zur weit entfernten Behausung. Sie ging und ging, das Weizenkorn schien immer schwerer zu wiegen auf den müden Schultern der kleinen Ameise.

„Warum lässt du mich nicht liegen?", fragte das Korn. Die Ameise entgegnete: „Wenn ich dich liegen lasse, werden wir keine Vorräte für diesen Winter haben. Wir Ameisen sind viele, und jede von uns muss so viel in die Vorratskammer bringen, wie sie bloß kann."

„Aber ich bin nicht nur geschaffen, um gegessen zu werden", antwortete das Weizenkorn darauf. „Ich bin ein Samen, voller Lebenskraft, und meine Bestimmung ist es, eine neue Pflanze wachsen zu lassen. Höre, liebe Ameise, wir machen einen Vertrag!" Die Ameise war dankbar, ein wenig ausruhen zu können, legte das Korn ab und fragte: „Was für ein Vertrag soll das sein?"

„Wenn du mich auf meinem Feld lässt", sagte das Korn, „und davon absiehst, mich in deine Behausung zu tragen, werde ich dir in einem Jahr 100 Körner meiner Art zurückerstatten." Die Ameise starrte es ungläubig an. „Ja, liebe Ameise. Glaub, was ich dir sage! Wenn du heute auf mich verzichtest, werde ich mich dir 100-fach geben: Ich werde dir 100 Weizenkörner für dein Heim schenken."

Die Ameise dachte: 100 Körner im Tausch gegen ein einziges – das ist ein Wunder. Sie fragte das Weizenkorn: „Und wie wirst du das machen?" – „Es ist ein Geheimnis", antwortete das Korn. „Das Geheimnis des Lebens. Heb eine kleine Grube aus, begrab mich darin und komm nach einem Jahr zurück!" Ein Jahr später kehrte die Ameise wieder zurück. Das Weizenkorn hatte sein Versprechen gehalten.

Nach Leonardo da Vinci

🔴 Übe mit einem Partnerkind, den Text flüssig vorzulesen.

🌈 **Das Weizenkorn hatte sein Versprechen gehalten.**
Was ist damit gemeint? Tausche dich mit einem Partnerkind aus.

○ altersgemäße Texte sinnverstehend lesen – **Erweiterung**
○ eigene Gedanken zu Texten entwickeln, zu Texten Stellung nehmen
und mit anderen über Texte sprechen

AH S.8/9   35

Herbstbilder – Herbstwörter

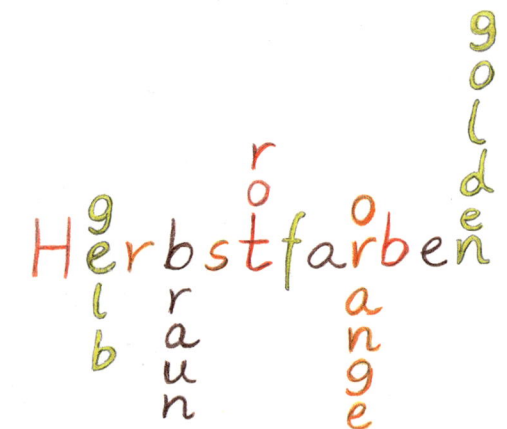

die vögel am himmel wie sie als formation in den süden fliegen erst auf dem rück weg werden wir sie wieder zu sehen kriegen

Arne Rautenberg

 Gestalte zu etwas Besonderem im Herbst ein Bild aus Wörtern. Stellt daraus in eurer Klasse ein Herbstbüchlein zusammen. Oder: Schreibe ein kleines Gedicht und verschenke es.

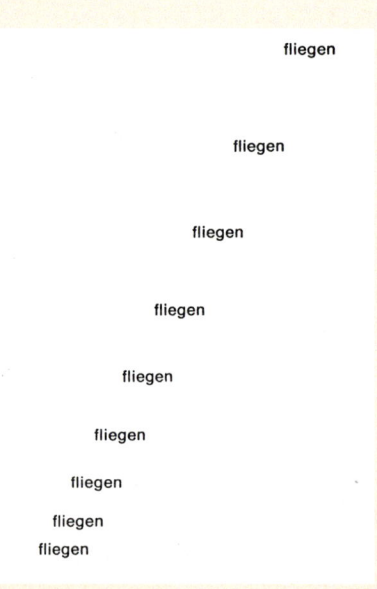

Ernst Jandl

Reinhard Döhl

Meine Wünsche und Träume

Sitze am Fenster,
Stirn an der Scheibe,
sehe zum Himmel,
bin Wolke,
treibe.

Werner Lindemann

Schwerpunkt-Bildungsstandards in diesem Kapitel:
- eigene Gedanken zu Texten entwickeln, zu Texten Stellung nehmen und mit anderen über Texte sprechen
- Texte begründet auswählen

37

So kannst du mit anderen Gedanken über einen Text austauschen

Schritt 1: eigene Gedanken zum Text notieren

Notiere deine Gedanken zu einer Textstelle oder zum gesamten Text.
Du kannst z.B. aufschreiben,
- wie du die handelnden Figuren findest,
- welche Textstelle dich sehr berührt hat und warum,
- welche Informationen für dich besonders interessant waren,
- wie du den Schluss des Textes findest,
- …

> **Gute Träume sind schlechte Träume.** Darüber denke ich …

> **Träumer sind Spinner.** Ich finde …

Schritt 2: einen Text bewerten

Schätze ein, wie du den Text findest.
Du kannst bewerten,
- ob du den Text gern bis zum Ende gelesen hast (Leseinteresse),
- wie leicht oder schwer dir das Lesen gefallen ist (Verständlichkeit),
- ob du für dich wichtige Informationen gefunden hast (Informationswert).
Du kannst solch eine Liste nutzen oder deine Bewertung aufschreiben.

Leseinteresse	☆ ☆ ☆ ☆ ☆
Verständlichkeit	☆ ☆ ☆ ☆ ☆
Informationswert	☆ ☆ ☆ ☆ ☆

Schritt 3: mit anderen über den Text sprechen

Tausche dich mit anderen aus.
Stellt euch gegenseitig eure Gedanken und
eure Bewertung vor. Nutzt eure Notizen.
Sprecht über Gemeinsamkeiten und
Unterschiede.

> Der Text ist informativ, ich habe viel Neues erfahren.

> Der Text ist verständlich geschrieben. Er wird spannend und anschaulich erzählt.

◐ eigene Gedanken zu Texten entwickeln, zu Texten Stellung nehmen
und mit anderen über Texte sprechen

warum die guten träume schlechte träume sind

warum die guten träume schlechte träume sind?
nun das weiß jedes kind
angenommen du träumst etwas schönes
wie du mit deinem vater einen dicken fisch fängst
wie du ein schnelles auto um die kurve lenkst
wie du im warmen schlammbad schläfst
wie du pirouetten auf wolken drehst
wie du funkelst als ein edelstein
doch dann wirst du wach schaust dich um
ist das nicht gemein?

warum die schlechten träume gute träume sind?
nun auch das weiß jedes kind
angenommen du träumst etwas mieses
wie du stürzt in ein schluchtenmaul
wie du fällst von nem rennenden gaul
wie dein feind dich plötzlich am kragen packt
wie du spazieren gehst und merkst du bist nackt
wie du sprechen willst und grunzt wie ein schwein
doch dann wirst du wach schaust dich um
ist das nicht fein?

Arne Rautenberg

🌈 Notiert eure Gedanken und tauscht euch
darüber in einer Lesekonferenz aus:
• Was denkt ihr über die Fragen im Text?
• Wie findet ihr die Kleinschreibung der Wörter?

Arne Rautenberg schreibt
alle Wörter klein. So sehen
sie alle gleich wichtig aus.

Wie wir träumen

Träume sind wichtig. In den Träumen werden die guten
und schlechten Ereignisse des Tages verarbeitet. Im Schlaf kann
der Körper so neue Kraft für den nächsten Tag sammeln.
Auch wenn man sich nicht immer an seine Träume erinnern kann,
5 erlebt der Mensch in jeder Nacht ungefähr fünf bis sieben
Traumzeiten.

Kinder und Erwachsene träumen unterschiedlich. Kinder träumen
mehr von Tieren und haben häufiger Albträume. Jungen träumen anders
als Mädchen. Mädchen träumen beispielsweise häufiger
10 von vertrauten Personen, Jungen mehr von Fremden.
Bei den Erwachsenen gibt es weniger Unterschiede zwischen
den Traumthemen von Männern und Frauen.

Es gibt verschiedene Arten von Träumen. Wunschträume zeigen
auf, was man tief herbeisehnt oder wie man sich eine schöne Zukunft
15 vorstellt. In den Angstträumen erlebt man unangenehme, bedrohliche
oder ausweglose Situationen. Manche Kinder erwachen schreiend
oder schweißgebadet von diesen Träumen. Auch Fieberträume
werden so erlebt. Abenteuerträume sind sehr anschaulich und
wundersam. Oft werden darin Reisen unternommen, in Raketen
20 und Heißluftballons, auf Piratenschiffen und Drachen oder einfach
mit Flügeln zum Fliegen. In manchen Träumen schlüpft man
in eine andere Rolle, z.B. in die eines Tieres.

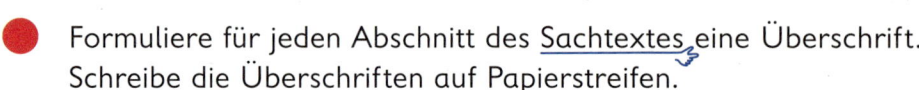

🔴 Formuliere für jeden Abschnitt des Sachtextes eine Überschrift.
Schreibe die Überschriften auf Papierstreifen.

🌈 Welche Information war für dich besonders interessant? Gib die Zeilen an.

🌈 Wie gut hast du den Text verstanden? Wie gut bist du jetzt informiert?
Bewerte den Text mit 1–5 Sternen.

◗ zentrale Aussagen eines Textes erfassen und wiedergeben
◗ eigene Gedanken zu Texten entwickeln, zu Texten Stellung nehmen
und mit anderen über Texte sprechen

Kommt ein Boot

Kommt ein Boot durch die Luft geflogen,
Boot aus Papier, aus Gras, aus Vorgestern.
Landet auf meiner Handfläche,
vor meinem Fuß, auf meinem Bett.
Erzählt mir vom offenen Fenster,
vom Meer, von der Insel mit Honigbäumen.
Schon schlafe ich, schon bin ich wach,
schon sind wir aus dem Haus und
hoch über der Stadt …

Heinz Janisch

Принес ветер лодку,
лодку из бумаги, из травы, из позавчера.
Опустилась она на мою ладошку,
под моими ногами, на моей постели.
Рассказывает мне об открытом окне,
о море, об острове с медовыми деревьями.
И вот уже сплю, и снова просыпаюсь,
и вот мы уже вылетаем из дома и
парим высоко над городом …

Хайнц Яниш

🔴 Bereite das Gedicht zum Vorlesen vor. Nutze die Schritte auf Seite 26.

🌈 Was möchtest du mit dem Gedicht am liebsten tun? Du kannst eine Melodie erfinden, es in eine andere Sprache (z.B. deine Familiensprache) übersetzen, ein Bild dazu malen oder das Gedicht abschreiben und daraus z.B. ein Papierboot basteln. Stellt die Ideen in der Klasse vor.

◐ selbst gewählte Texte zum Vorlesen vorbereiten und sinngestaltend vorlesen
◐ handelnd mit Texten umgehen: z.B. illustrieren, inszenieren, umgestalten, collagieren

41

Mein kleines dummes Herz

Die neunjährige Sisanda lebt mit ihrer Mutter Maswala und ihrer Großmutter Thabang in einem kleinen Dorf in Afrika. Seit ihrer Geburt leidet Sisanda an einer schweren Herzkrankheit. Sie muss sich deshalb ständig schonen.

Swala bedeutet bei uns Antilope. Natürlich ist das nicht der richtige Name meiner Mutter, aber alle Leute nennen sie so. Ich nenne sie Maswala. Mamaantilope. Antilopenmama.

„Swala ist schon immer gern gelaufen", sagt Großmutter Thabang. „Aber seit
5 du auf der Welt bist, rennt sie wie eine Verrückte! Nichts und niemand kann sie aufhalten! Sie war schon tief drinnen im Hügelland, so weit, wie nicht einmal die Hirten mit ihren Herden sich vorwagen. Als ob sie für dich auch noch mitlaufen würde, meine kleine Prinzessin, weil du es selbst nicht kannst."

Weil ich selbst nicht laufen kann.
10 Mein Herz, mein dummes kleines Herz … Wegen dir kann ich nicht laufen, nicht springen, nicht aus dem Haus gehen, nicht mit den anderen spielen, nichts … Wegen deiner dummen Krankheit. Wegen dir bekomme ich manchmal so wenig Luft, dass die anderen glauben, ich sterbe gleich.

Und morgen kann Maswala wegen dir nicht einmal wie jeden Tag durch die
15 Hügel rennen. Denn morgen brechen wir ganz früh mit Zacaria in seiner alten Klapperkiste auf und fahren viele Stunden lang ins Krankenhaus. Dort horcht Doktor Apollinaire Njabolo dann, was du so treibst, wie jedes Jahr ein Mal.

Mein kleines dummes Herz! Ja, aber wirklich: mein kleines dummes Herz!
20 An dem Tag, an dem du aufhörst, so dumme Sachen zu machen, werde ich dich „mein viel geliebtes, kleines dummes Herz" nennen. Versprochen. Aber nicht vorher.

Xavier-Laurent Petit

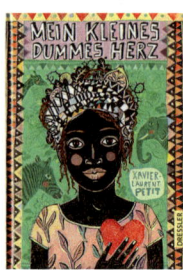

🔴 Welcher ist wohl Sisandas größter Traum? Erkläre.

🌈 Notiere eine Textstelle, die dich besonders berührt hat.
Tausche dich mit einem Partnerkind aus.
Begründet eure Auswahl.

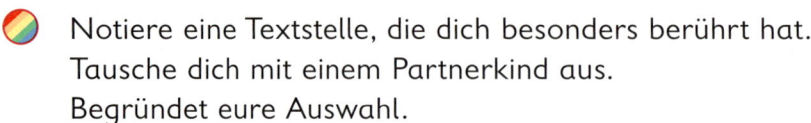
● zentrale Aussagen eines Textes erfassen und wiedergeben
42 ● eigene Gedanken zu Texten entwickeln, zu Texten Stellung nehmen
und mit anderen über Texte sprechen   AH S.10

Ich träume ...

Mein Traum
Ich träume fast jede Nacht,
dass ich später National-
spieler werde und bei Bayern,
Real Madrid oder Manchester
United spiele.   Sami

Mein Traum
Ich träume immer davon, dass
ich später einmal Schriftstellerin
werde und dass ich dann eigene
Bücher schreiben kann.
                    Minoung

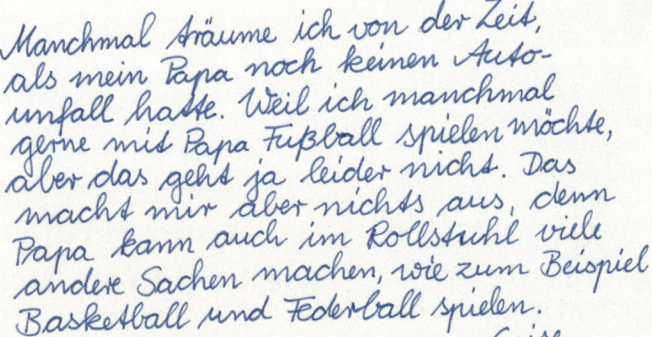

Manchmal träume ich von der Zeit,
als mein Papa noch keinen Auto-
unfall hatte. Weil ich manchmal
gerne mit Papa Fußball spielen möchte,
aber das geht ja leider nicht. Das
macht mir aber nichts aus, denn
Papa kann auch im Rollstuhl viele
andere Sachen machen, wie zum Beispiel
Basketball und Federball spielen.
                    Luise

🌈 Tausche dich mit einem Partnerkind über diese Wünsche und Träume aus.

🌈 Schreibe oder male deine eigenen Wünsche und Träume auf.

◐ eigene Gedanken zu Texten entwickeln, zu Texten Stellung nehmen
und mit anderen über Texte sprechen
◐ handelnd mit Texten umgehen: z.B. illustrieren, inszenieren, umgestalten, collagieren   AH S.11   43

Nur ein Bandwurmwort hat sieben …?

Wunschvogelfedersammlungsdosendeckel

Wunschringfingernagelscherenschleifer

Wunschmärchenerzählerhutfederwolke

Wunschbaumblütenstempelblätterfarbendruck

Wunschtraumzauberbaumkronenumfang

Wünsche wie Wolken

Mal deine Wünsche in den Himmel.
Wünsche wie Wolken, wie Apfelschimmel.
Wünsche so ✦✦✦ wie ein Riesenrad.
Wünsche so ✦✦✦ wie ein Zinnsoldat.

Für alles ist ✦✦✦ –
ob Ball oder Spatz,
ob Eisbär oder ✦✦✦.
Schau in den Himmel
und ✦✦✦ dir was!

Gerda Anger-Schmidt

klein

Marmeladenglas

wünsch

groß

Platz

Sprichwortpuzzle

auch zerrinnt!

im Traum

gewinnt,

im selben

Was man

Traumberufe – wie heißen sie richtig?

Rinderarzt
Türpflegerin
Suchhändler
Sandwirtin
Lehner
Teuerwehrfrau

1. Übung zur Segmentierung
2./3. Übung zum Aufbau der Sinnerwartung
4. Übung zum Überprüfen der Sinnerwartung

Lösungen S.196

Geheimtipp gegen schlechte Träume: der Traumfänger

Die Ojibwa, ein Stamm von Ureinwohnern in Kanada, hängen über ihre Schlafplätze einen **dreamcatcher** (deutsch: Traumfänger). Dieser soll nur gute Träume zu den Schlafenden durch sein Netz lassen. Die bösen Träume bleiben darin hängen.

Für einen Traumfänger braucht man nur einen biegsamen Zweig, Bast, Fäden, Lederbänder, Federn und Perlen.

Welcher Bastelschritt gehört zu welchem Bild?

Die Buchstaben vor den Bastelschritten ergeben in der richtigen Reihenfolge ein Wort.

R: den Ring mit einem Fadennetz bespannen, eventuell auch Perlen aufziehen

T: den Zweig zu einem Ring biegen und mit Bast umwickeln

M: einen Gute-Nacht-Spruch schreiben und an den fertigen Traumfänger hängen

U: einen Anhänger aus Bast am oberen Rand befestigen

A: Lederbänder am unteren Rand festknoten, die restlichen Perlen aufziehen und Federn am Ende befestigen

Der satanarchäolügenialkohöllische Wunschpunsch

Der Zauberer Irrwitzer und die Hexe Tyrannja haben einen bösen Plan.
Punkt 12 Uhr in der Silvesternacht wollen sie mit ihrem Wunschpunsch die Erde
und die Menschen darauf vernichten.
Während die beiden darauf warten, dass endlich der Wunschpunsch fertig wird,
müssen sie viele Wunschgedichte vortragen.
Aber die Sprüche bewirken nur das Böse, wenn sie genau das Gegenteil wünschen.
Deshalb sprechen Zauberer und Hexe nur gute Wünsche. Aber die beiden
wollen natürlich, dass die böse Umkehrung eintrifft …

Zauberer und Hexe suchten unter dem herumliegenden Geschirr
zwei Trinkgläser, die noch ganz waren, fanden auch einen Schöpflöffel,
zogen Stühle heran und setzten sich zu beiden Seiten des Punschbehälters.
Sie füllten ihre Gläser mit dem opalisierenden* Gebräu und tranken
5 sie auf einen Zug aus, ohne abzusetzen. Als sie fertig waren,
schnappten sie beide nach Luft, denn der Punsch war tatsächlich
alkohöllisch stark.
Aus Irrwitzers Ohren stiegen Rauchkringel, und Tyrannjas spärliche
Haarsträhnen rollten sich zu Korkenzieherlöckchen zusammen.
10 „Aaah!", machte er und wischte sich den Mund ab. „Das tut gut."
„Jaaa", sagte sie, „das belebt ordentlich."

Und dann begannen sie, ihre Wünsche vom Stapel zu lassen.
Natürlich musste das in Reimen geschehen, damit es wirksam war.
Der Zauberer war schneller mit seinem ersten Spruch fertig:

15 „Punsch aller Pünsche, erfüll meine Wünsche:
Die Elbe, die Weser, die Donau, der Rhein
und alle Gewässer
soll'n sauber und fischreich wie früher sein,
oder noch besser."

20 Und gleich danach rief Tyrannja:

„Punsch aller Pünsche, erfüll meine Wünsche:
Wer Brunnen vergiftet, um Dreck zu verkaufen
zum eigenen Nutz,
soll nie wieder Wein und Champagner saufen,
25 nur den eigenen Schmutz."

*glänzend

Von Neuem schöpften sich beide ein Glas voll und schütteten
es sich eilig in den Hals.
Diesmal war die Tante zuerst dran:

„Punsch aller Pünsche, erfüll meine Wünsche:
30 Wer mit Robbenfellen und Elfenbein
und dem Fleisch von den letzten Walen
Geschäfte macht, gehe jämmerlich ein,
denn niemand mehr soll dafür zahlen."

Und der Neffe fiel augenblicklich ein:

35 „Punsch aller Pünsche, erfüll meine Wünsche:
Keine einzige Tierart, ob nützlich, ob nicht,
soll mehr ausgerottet werden.
Sie soll'n leben, wie's ihrer Natur entspricht
im Meer, in der Luft und auf Erden."

40 Während sie so drauflossoffen
und Verse schmiedeten,
fiel es ihnen immer schwerer,
das Kichern zu unterdrücken.
Sie malten sich in Gedanken aus,
45 was ihre scheinbar so edlen
Wünsche tatsächlich für Unheil
in der Welt anrichteten.
Jedenfalls glaubten sie ja,
das zu tun.

Michael Ende

🔴 Tausche dich mit einem Partnerkind über einen
der vier Wünsche aus.
Schreibt auf, was Zauberer und Hexe eigentlich wünschen.

🌈 Bewerte den Text. Nutze Schritt 2 auf Seite 38.

🌈 Welchen der Wünsche möchtest du auswendig vortragen lernen? Wähle aus.

⊙ eigene Gedanken zu Texten entwickeln, zu Texten Stellung nehmen
und mit anderen über Texte sprechen
⊙ Texte begründet auswählen   AH S.13   47

Die Reise um die Erde

Zwei Eskimomänner hockten in einer Sturmnacht
hinter einem Felsen, bis zur Brust im Schnee. Da fragte der eine:
„Glaubst du wirklich, dass die Erde eine Kugel ist?" – „Lass uns doch
einmal um die Erde herumreisen", sagte der andere. „Das ist schon lange
mein Herzenswunsch!" – „Meiner auch!", sagte der eine.

Am nächsten Tag schnitzten sie sich aus den Hörnern eines Ochsen jeder
einen Trinkbecher. Und da auch ihre jungen Frauen den Wunsch hatten, um
die Erde zu reisen, setzten sich die beiden Paare auf ihre Schlitten und fuhren los.
Nach entgegengesetzten Seiten, versteht sich! So lange knallten sie mit ihren
Peitschen, wie sie einander noch hören konnten.

Als es wärmer wurde und statt Schnee Gras unter den Schlitten war,
blieben sie an der Stelle, an der sie eben waren. Im Winter aber fuhren sie
mit ihren Schlitten weiter, immer weiter um die Erde herum. Sie bekamen Kinder
und wurden selber alt. Ihre Kinder bekamen Kinder und wurden selber alt.
Sie wurden Großeltern und schließlich so alt und gebrechlich, dass sie auf
den Schlitten festgebunden werden mussten.

Endlich, gerade als die Sonne am höchsten stand, trafen sich an einem Wintertage
die, die nach Westen gefahren waren, mit denen, die nach Osten hin versucht
hatten, um die ganze Erde zu reisen. Von den Trinkbechern waren nur noch Reste
übrig, so oft hatten sie aus ihnen an Brunnen getrunken und die Becher abgewetzt.

Sie begrüßten einander voll Freude und riefen: „Unser Wunsch ist in Erfüllung
gegangen!" Und die Uralten meinten: „So groß haben wir uns die Erde nicht
vorgestellt."

Als junge Menschen waren sie ausgezogen. Jetzt konnten sie sich kaum
mehr auf den Beinen halten und suchten sich mit halbblinden Augen
zu erkennen. Ihre Enkel aber stimmten ein fröhliches Lied an.

Märchen aus Alaska, erzählt von Hans Baumann

● Übe mit einem Partnerkind, den Text flüssig vorzulesen.

● Notiere zu jedem Textabschnitt wichtige Wörter auf Kärtchen.
Erzähle den Inhalt des Märchens mithilfe deiner Kärtchen.

Ach hätt' ich doch ...

... einen Giraffenkletterhals in einem luftigen Wolkenhaus.

... den Knopfäugleinblick der Amsel für jedes Kräutlein auf der Wiese.

... den federleisen Schritt des Tigers im dichten Urwald.

... das pumpernde Herzchen des fliehenden Schleckermäuschens.

... die Flatterflügel der Wildgans vor dem Abflug über den Ozean.

... den Schaukelschwanz des Maki-Affen im Labyrinth der Äste.

... die Wehmut des Hundes, wenn es draußen schneit.

... den Kopf voller Märchen wie der Hirsch, wenn er dem Wald lauscht.

... die Stimme des singenden Wals in der endlosen Weite des Ozeans.

... die Farbe des Panthers bei Nacht, um mit der Dunkelheit zu verschmelzen.

... den geheimnisvollen Schleierblick der wachsamen Eule.

... knochendünne Sprinterbeine für ein übermütiges Hasenrennen.

... den Schleckerhunger des Bären im duftenden Obstgarten.

... die Riesenflatterohren des Elefanten, um die Himmelsgeschichten zu hören.

Giovanna Zoboli

Ach hätt' ich doch die Kiemen des Fisches, dass ich unter Wasser tauchen kann.

● Übe mit einem Partnerkind, den Text flüssig vorzulesen.

🌈 Wähle einen der Wünsche aus, den du illustrieren möchtest.
Oder: Denke dir einen eigenen **Ach hätt' ich doch**-Wunsch aus.

○ altersgemäße Texte sinnverstehend lesen – **Erweiterung**
○ Texte begründet auswählen
○ handelnd mit Texten umgehen: z.B. illustrieren, inszenieren, umgestalten, collagieren

49

Gute Wünsche für viele Gelegenheiten

Verlange nicht, dass die Dinge gehen,
wie du es wünschst,
sondern wünsche sie so,
wie sie gehen,
und dein Leben wird
ruhig dahinfließen.

Epiktet

Alles Übel wünsch ich dir
fern vom Leibe – glaube mir.
Alles Unglück treffe dich
niemals – und vergiss mich nicht!

Volksgut

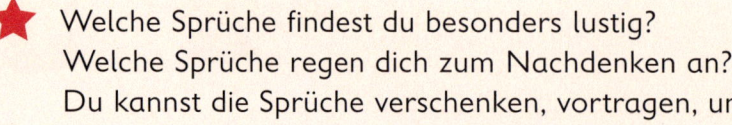

Ich wünsche dir aus Herzensgrund
liebe …, bleib gesund.

Volksgut

Lebe glücklich, lebe froh
wie der König Salomo,
der auf seinem Throne saß
und verfaulte Äpfel aß.

Volksgut

So viel Stern am Himmel stehn,
so viel Wolken drübergehn,
so viel Fisch im Wasser schwimmen,
so viel Reh im Walde springen,
so viel Schwalben ziehn nach Süden,
so viel Glück sei dir beschieden.

Volksgut

★ Welche Sprüche findest du besonders lustig?
Welche Sprüche regen dich zum Nachdenken an?
Du kannst die Sprüche verschenken, vortragen, umdichten
oder in ein Freundschaftsbuch/Poesiealbum schreiben.

Miteinander leben

Das Fremde

Das Fremde bleibt so lange fremd
bis es begrüßt berührt bekennt:
Ich hab dich gern, du hast mich gern
wir leben auf dem gleichen Stern!

Erwin Grosche

Schwerpunkt-Bildungsstandards in diesem Kapitel:
 ▸ ein Kinderbuch selbst auswählen und vorstellen
 ▸ lebendige Vorstellungen beim Lesen und Hören literarischer Texte entwickeln

51

So kannst du ein Buch mithilfe einer Leserolle vorstellen

Schritt 1: eine Leserolle außen gestalten

Besorge dir eine Chipsrolle.
Gestalte die Rolle außen passend zum Buch.
Beschrifte sie mit dem Titel, dem Namen
der Autorin oder des Autors und dem Verlag.

Schritt 2: Pflichtaufgaben bearbeiten

Bearbeite folgende Aufgabenstellungen.
Nutze dazu DIN-A4-Blätter:

• Wähle eine passende Leseprobe aus.
  Schreibe sie ab oder kopiere sie und übe sie vorzutragen.
• Fertige Steckbriefe der wichtigsten Figuren an.
• Sammle oder zeichne wichtige Gegenstände,
  die im Buch vorkommen.
• Bewerte das Buch.

Leseinteresse	☆ ☆ ★ ☆ ☆
Verständlichkeit	☆ ☆ ★ ☆ ☆
Informationswert	☆ ☆ ★ ☆ ☆

Schritt 3: Wahlaufgaben auswählen und bearbeiten

Wähle aus dem folgenden Angebot zwei weitere Aufgaben aus:

• Notiere deine Gedanken zum Buchtitel oder zu einer Textstelle.
• Erstelle ein Abecedarium zum Buch.
• Schreibe auf, welche der Buchfiguren du gerne wärst. Begründe.
• Sammle wichtige Informationen über die Autorin/den Autor.

Klebe alle Blätter aneinander, rolle sie zusammen und
stecke sie in deine Leserolle.

Ich mache einen
Lageplan und zeige so,
wo das Buch spielt.

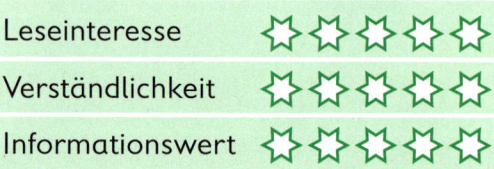

Als mein Vater ein Busch wurde

Das Mädchen Toda erzählt:

Ich wohnte mit meinem Vater in einer kleinen Stadt.
Für mich war die Stadt groß genug. Meine Mutter
wohnte nicht bei uns. Ich kannte sie eigentlich gar
nicht richtig. Ich hatte ein kleines Foto von ihr, auf
5 dem sie lächelte. Manchmal rief sie an, aber ich
wusste am Telefon immer nicht so ganz, was
ich sagen sollte.

Bevor mein Vater ein Busch wurde, war er Feinbäcker. Er stand um vier Uhr
früh auf, um zwanzig Sorten Kuchen und drei Sorten Torte zu backen.
10 Die verkaufte er tagsüber, und dann wurden sie gegessen. Am nächsten Morgen
musste er wieder um vier Uhr aufstehen. Er sagte, ich sollte lieber nicht Bäcker
werden. Ich sollte lieber etwas verkaufen, was nicht gleich aufgegessen würde.
Aber seine Arbeit roch so gut.

Eines Abends nahm er mich auf den Schoß und sagte, dass die Leute kaum
15 noch Kuchen kauften. Weil es unserem Land nicht gut ging. Im Süden kämpften
die einen gegen die anderen. Hier noch nicht, sagte er, aber wenn sie so
weitermachten, könnte es auch hier anfangen. Er sagte, dass meine Oma
kommen und für eine Weile bei mir im Haus wohnen würde. Er müsste weg,
um die einen gegen die anderen zu verteidigen, obwohl er auch Freunde hätte,
20 die jetzt zu den anderen gehörten. Aber es müsste sein, sagte er, obwohl er
viel lieber Kuchen backen würde.

Er zeigte mir ein dünnes, dunkelgrünes Buch. Es hieß „Was jeder Soldat wissen
muss". In einem Kapitel ging es um Tarnung. Das Wort kannte ich noch nicht.
„Tarnung heißt, dass man sich unsichtbar macht", sagte mein Vater. „Weil man
25 in Deckung gehen muss." Auf einem Bild dazu konnte man einen Soldaten
sehen, der sich als Busch verkleidet hatte.

Joke van Leeuwen

 Notiere deine Gedanken zum Buchtitel.

● Fertige einen Steckbrief über Todas Vater an.

Liebeserklärungen an ...

Herz und Schmerz

Ein Karpfen sprach zu einem Mädchen,
Die Stimme süß wie Schokolädchen:
Ich kenn da einen Wasserplatz
Für dich und mich allein, mein Schatz.
Sie aber lispelt glockenhell:
Mein Herz gehört schon der Forell.

Hugo Ramnek

Ich

Ich stehe
manchmal
neben mir
und sage
freundlich
DU zu mir
und sag
DU bist
ein Exemplar
wie keines
jemals
vor dir war
DU bist
der Stern
der Sterne
Das hör ich
nämlich gerne

Jürgen Spohn

Wort an Wort

Wir wohnen
Wort an Wort

Sag mir
dein liebstes
Freund

meines heißt
DU

Rose Ausländer

Dein großer Bruder.
Dein bester Freund fürs Leben.
Er ist für dich da.

Ahmed

Wegwarte

Da stehst du am Weg,
stehst immerzu.
Wegwarte am Weg,
auf wen wartest du?

Mit blauen Augen
schaust du mich an.
Was weiß ich,
was ich dir sagen kann?

Wegwarte, raue,
du bist schön, du bist da.
Du bist du, ich bin ich.
Was lebt, ist sich nah.

Josef Guggenmos

Freund

Heute am Vormittag habe ich fliegen gelernt.
In der Pause war ich sogar am Mond.
Nach der Schule bin ich Weltmeister geworden.

Und das alles nur, weil du gesagt hast:
Ich bin dein Freund!

Rudolf Gigler

🔴 An wen sind die verschiedenen
Liebeserklärungen gerichtet?
Belege deine Antworten mit Textstellen.

🌈 Wähle ein Gedicht aus.
Was stellst du dir beim Lesen vor?
Male ein Bild und zeige es in der
Lesekonferenz.
Die anderen Kinder überlegen,
zu welchem Text es passt.

In der Nacht

Gestern Nacht
bin ich aufgewacht:
Hat da nicht einer gelacht
im Garten?!
Mucksmäuschenstill.
Warten.
Durchs Fenster
in der Dunkelheit
nichts zu sehen
weit und breit.
Da hört ich meine Schaukel
quietschen,
leise ächzen,
barfuß schlich ich hinunter,
mit meiner Taschenlampe,
tappte durchs feuchte Gras,
leises Kichern,
irgendwer hatte seinen Spaß,
auf meiner Schaukel,
eine dunkle Gestalt.
He! rief ich und sah im
Lampenschein,
es waren zwei:
Mein Vater und meine Mutter
auf seinem Schoß.
Wir schaukeln bloß,
lachten beide,
komm mach mit!
Und so schaukelten wir
durch die Nacht
zu dritt.

Rosita Blissenbach

Vorstadtkrokodile – Kurt kommt mit

Wer ein Mitglied der Bande „Vorstadt-
krokodile" werden will, muss eine
gefährliche Mutprobe bestehen und
super Fahrrad fahren können.
Was soll Kurt tun, der auch dazugehören
möchte, aber im Rollstuhl sitzt?
Nach anfänglicher Ablehnung lernen
die „Krokodiler" den schlauen und
mutigen Kurt schätzen, und es
entwickeln sich richtige Freundschaften.

Am Montagnachmittag um vier Uhr
waren alle Krokodiler vor Kurts Haus
versammelt.
Sie warteten auf den Schulbus, der
5 Kurt zu Hause ablieferte, und als dann
der Ford Transit in die Silberstraße
einbog und vor dem Haus hielt, sahen
alle interessiert zu, wie Kurt mit
seinem Rollstuhl auf der Rampe aus
10 dem Wagen auf die Straße herunter-
gelassen wurde. Rudolf und Otto
umkreisten auf ihren französischen
Fahrrädern den Kleinbus, lagen mit
dem Bauch auf dem Sattel wie
15 Akrobaten. Die Pedale traten sie mit
den Händen.

Maria und Hannes ließen ihre
Fahrräder hinter Wolfermanns Haus
stehen, weil sie den Rollstuhl schieben
20 mussten, die Räder wären ihnen
hinderlich gewesen.
Nach den ersten Schwierigkeiten ging
es ganz gut. Kurt zeigte ihnen immer
wieder, wie sie es machen und wann
25 sie was machen mussten.

Mit der Zeit machte es ihnen sogar
Spaß, den Rollstuhl zu schieben.
Das war schon ein komischer Anblick,
wie sie da durch die Siedlung zogen,
30 Kurt in seinem Rollstuhl, Maria und
Hannes schoben, und alle drei wurden
ständig von den anderen Krokodilern
auf ihren Fahrrädern umkreist. Kurt
bremste selbst seinen Rollstuhl ab,
35 wenn es nötig war, und half mit, an
seinen Rädern zu schieben, wenn es
schwer ging. Nur mit den Bordstein-
kanten hatten sie Mühe. Auf den
Bürgersteig hinauf zuerst die kleinen
40 Räder, indem man den Stuhl etwas
nach hinten kippte, vom Bürgersteig
herunter zuerst die großen Räder, Kurt
saß dabei mit dem Rücken zur Straße,
dann wurden die kleinen Räder einfach
45 nachgezogen. Wenn man den Kniff
herausgefunden hatte, war es gar
nicht mehr so schwierig. Sie probten
das zunächst an einer ruhigen Stelle,
bevor sie sich zur stark befahrenen
50 Bundesstraße wagten, und als ihnen
Kurt dann bestätigte, sie würden das
schon so geschickt machen wie seine
Mutter und sein Vater, überquerten sie
die Bundesstraße.

55 Im Wald aber, auf dem holprigen Weg,
wurde es doch so schwer, dass noch
zwei Krokodiler mithelfen mussten.
Auch Olaf musste mitschieben.
Er tat es ungern, ließ sich aber nichts
60 anmerken.

Als sie dann an der Buche
angekommen waren, sagte Hannes:
„Guck, da stand unsere Hütte."
„Futsch", sagte Theo, „total futsch."
65 „Schade", sagte Kurt.
„Aber wir haben schon angefangen,
uns eine neue Hütte zu bauen, auf
dem alten Ziegeleigelände", sagte
Frank, „die kann man dann nicht
70 mehr so einfach einreißen, die ist aus
Steinen gebaut."
„Ziegelei ist zu weit für mich",
antwortete Kurt.
„Zu weit?", fragte Frank. „Dich auf
75 die Ziegelei zu schieben, ist doch viel
leichter als hierher in den Wald."
„Na, dann fahren wir doch mal zur
Ziegelei", sagte Kurt. Er hatte es
eigentlich nur gesagt, um zu sehen,
80 wie die Krokodiler darauf reagierten.
Aber sie schwiegen betreten, nicht
einmal Hannes und Maria, die sich so
für Kurt eingesetzt hatten, war es in
den Sinn gekommen, Kurt zur Ziegelei
85 mitzunehmen.
„Zur Ziegelei?", fragte Olaf gedehnt.
„Mit dir? Im Rollstuhl? Nein, das
geht nicht."
Kurt drehte sich langsam und sah
90 allen ins Gesicht, aber die Krokodiler
mochten Kurt nicht ansehen, sie sahen
irgendwohin. Nur Hannes zuckte mit
den Schultern.
„Wieso geht das nicht?", fragte Kurt.
95 „Ist es euch zu schwer?

Ich dachte immer, ihr klettert auf die
höchsten Bäume und die steilsten
Dächer, hab ich immer gedacht."
„Es ist uns nicht zu schwer", sagte
100 Olaf, „es ist einfach zu weit für dich,
das ist es, und dann, es geht immerhin
ganz schön bergauf die letzten
hundert Meter, und dann ist der Weg
da auch nicht mehr geteert. Deine
105 Mutter erlaubt es bestimmt nicht."
„Die braucht es doch gar nicht zu
wissen", antwortete Kurt.
Maria versuchte zu vermitteln,
sie sagte: „Lass es uns doch mal
110 probieren, wir wechseln beim
Schieben ab."
Kurt sah Maria dankbar an.
Die Krokodiler fanden immer noch
Ausreden, Kurt von seinem Wunsch
115 abzubringen, dann aber waren auch
Frank und Peter dafür, dass man es
einfach mal versuchen sollte,
schließlich gab auch Olaf seinen
Widerstand auf. Sie zogen los.

120 Sie mussten die stark befahrene
Bundesstraße erneut überqueren, an
einer Stelle, an der es keine Fuß-
gängerampel gab. Sie standen ratlos
an der Bordsteinkante und sahen den
125 Autos entgegen, ob vielleicht eines von
selbst anhalten würde, aber sie rasten
nur vorbei. Die Krokodiler trauten sich
nicht, mit Kurt die Fahrbahn zu überqueren.

130 Da lief plötzlich Theo auf die Fahrbahn, stellte sich in der Mitte auf den
weißen Streifen und breitete die Arme
aus. Den Krokodilern blieb die Sprache
weg. Die Autos hielten an, bis die
135 Krokodiler mit Kurt die Straße über-
quert hatten.
„Na, wie habe ich das gemacht?",
rief Theo triumphierend, als erwarte
er von jedem ein Sonderlob.
140 „Schlecht", antwortete Kurt,
„tot könntest du jetzt sein. Du kennst
doch diese verrückten Autofahrer.
Das war verrückt."
„Ich bin aber nicht tot", erwiderte
145 Theo und schob stolz sein Fahrrad
neben Kurt her, dessen Rollstuhl
immer noch von Maria und Frank
geschoben wurde.

Die letzten hundert Meter vor der
150 Ziegelei wurde es dann tatsächlich
schwierig, mehrmals drohte der
Rollstuhl umzukippen, weil die kleinen
Vorderräder an große Steine stießen
und den Rollstuhl stoppten.
155 Und als sie die steinigen Hindernisse
endlich hinter sich hatten, standen sie
unvermutet vor einem neuen, nämlich
dem zwei Meter hohen Maschendraht.
Wohl gab es im Zaun genug Löcher,
160 aber sie waren nicht so groß, dass ein
Rollstuhl durchpasste. Maria meinte
zwar, wenn man den Rollstuhl
zusammenklappte, wäre es möglich,
aber keiner traute sich zu, Kurt aus
165 dem Rollstuhl zu heben, und allein
durch das Loch hindurchzurobben,
wie er es in der Wohnung machte, das
traute sich Kurt wiederum nicht zu.
„Und was jetzt?", fragte Frank. „Wir
170 können Kurt doch nicht allein hier
draußen stehen lassen. So ein Mist."

Max von der Grün

Stoppe deinen Lesevortrag
an einer besonders spannenden
oder interessanten Stelle.

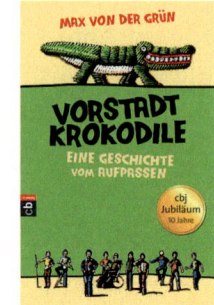

🌈 Wähle einen Textabschnitt aus, mit dem
du andere neugierig auf das Buch
machen möchtest.
Bereite diesen Abschnitt als Leseprobe vor.

🌈 Was denken wohl die Krokodiler, als sie mit
Kurt vor dem hohen Zaun stehen?
Schreibe es in eine Denkblase.
Lege sie neben die Textstelle.

◐ ein Kinderbuch selbst auswählen und vorstellen
◐ lebendige Vorstellungen beim Lesen und Hören literarischer Texte entwickeln   **AH** S.16

Freunde

Freunde hat keiner zu viel. Selbst die reichsten Leute nicht,
denn richtige Freunde sind sehr selten. Und man kann sie
nicht kaufen. Einen Freund sollte jeder haben.
Ein Freund, das ist der, mit dem man nicht nur über Filme
5 und Bücher und Mode und über die Mädchen und die
Jungen reden kann.
Mit einem Freund kann man über das reden, worüber
man eigentlich mit keinem sprechen kann. Wenn du den
ganzen Tag die Tränen zurückgehalten hast, bei ihm
10 kannst du sie loslassen. Er wird dich verstehen. Und wenn
du dich in eine Situation manövriert hast, aus der es
keinen Ausweg gibt, wenn du auf deine Eltern und die
Lehrer und alle, die du kennst, wütend bist, wenn du nicht
mehr weißt, wie du den Tag überstehen sollst und am
15 liebsten tot wärst, dann hast du noch immer deinen
Freund. Der sagt dann nur: „Hey, Mann, du steckst aber
ganz schön tief in der Scheiße. Komm, gehen wir ein Eis
essen und lass uns miteinander reden." So einer ist das.
Freunde sind selten. Und sie können abhandenkommen,
20 wenn man nicht aufpasst. Wenn du einen Freund verlierst,
ich meine, einen wirklichen Freund, dann ist das fast so
schlimm, als ob deine Mama stirbt. Du wirst es dein
Leben lang nicht vergessen, und es wird dir noch wehtun,
wenn du hundert Jahre alt bist.
25 Also, geh sorgsam mit deinem Freund um. Du brauchst
ihn nämlich. Und er braucht dich. Das ist Freundschaft.

Christoph Hein

🌈 Wähle eine Textstelle aus, die dir besonders wichtig ist,
und schreibe deine Gedanken dazu auf.

🌈 Tausche dich darüber in der Lesekonferenz aus.

◗ ein Kinderbuch selbst auswählen und vorstellen
◗ eigene Gedanken zu Texten entwickeln, zu Texten Stellung nehmen und mit anderen
über Texte sprechen

59
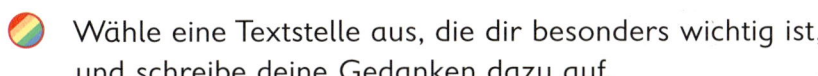

Freudiger Zungenbrecher

Das freundliche Fräulein Freud aus Freudenstadt freut sich freitags fröhlich auf ihre frische Freundin Fräulein Freudenthal aus Freudenberg.

Finde das Kuckucksei!

Freundschaftsband
Freundschaftsspruch
Freundschaftsrand
Freundschaftsspiel
Freundschaftsdienst
Freundschaftsgeschichte

Familienrätsel – Nachdenken empfohlen!

Zwölf Schwestern haben jede einen Bruder. Wie viele Kinder sind das zusammen?

Wenn die Schwester deines Onkels nicht deine Tante ist, wer ist sie dann?

Welche Mutter hat keine Kinder?

Nur ein Satz stimmt!

Beim Familienrest feiern alle mit.
Beim Familienfest frieren alle mit.
Beim Familientest feiern alle mit.
Beim Familienfest feiern alle mit.
Beim Familiennest feiern alle mit.

Wie heißen diese Freunde?

Finde die fehlenden Buchstaben. Richtig ergänzt ergeben sie drei Namen.

⭐ USTIG
⭐ HRLICH
⭐ FFEN
⭐ EUGIERIG

⭐ UTIG
⭐ KTIV
⭐ OTHAARIG
⭐ NTELLIGENT
⭐ NERGISCH

⭐ LINK
⭐ ÜCKSICHTSVOLL
⭐ NTERESSIERT
⭐ REU
⭐ UVERLÄSSIG

60

1./2. Übung zur Segmentierung
2./3./4. Übung zum Überprüfen der Sinnerwartung
5. Übung zum Aufbau der Sinnerwartung

Lösungen S.196

Regeln für Lesefreunde

In jedem Satz ist ein Wort zu viel.
Diese Wörter ergeben zusammen einen
Satz.

Gute Lesefreunde tauschen lesen sich
über ihre liebsten Bücher aus.

Sie leihen sich kann gegenseitig gerne
ihre Bücher.

Sie passen glücklich sehr gut auf
die ausgeliehenen Bücher auf.

Sie geben sich machen passende
Lesetipps.

Spruch fürs Freundschaftsbuch

Namen, Zahlen und Adre
Alles kein Problem für m
Alles könnte ich vergesse
Einfach alles. Nur nicht d

Frantz Wittkamp

Der gordische Knoten – ein Spiel für Freunde

Stellt euch in einem größeren Kreis auf und schließt die Augen.
Auf Kommando geht jeder mit ausgestreckten Armen auf die Kreismitte zu.
Sobald ihr die Hand eines Mitspielers berührt, müsst ihr versuchen, sie
festzuhalten. Erst wenn ihr euch alle an den Händen haltet, dürft ihr
die Augen öffnen. Jetzt heißt es, die Hände entwirren, ohne sie loszulassen.
Dabei müsst ihr übereinandersteigen, zwischen den Beinen von Mitspielern
durchschlüpfen, euch drehen und verrenken ...

Kannst du die Geheimnachricht der Krokodiler entschlüsseln?

He●te t●ifft si●h die gan●e Ba●d● um 15 Uh● in der ●lten Zie●elei.
Wir m●ssen un●eding● mehr üb●r die M●pedf●hrer he●aus●rie●en.
K●r● gla●bt, dass si● d●e E●nbrec●er sind.

Fabelhaftes

Der Kürbis und der Apfelkern

Ein Kürbis und ein Apfelkern gingen zusammen auf die Reise.
Sie waren noch nicht ganz aus dem Dorf, da saßen auf einem
Baum zwei Elstern. Die eine Elster sagte zur andern:
„Siehst du sie wandern? Sprich, wie findest du dieses Paar?"
Drauf sagte die andere: „Sonderbar." Da stieß der Apfelkern den Kürbis an:
„Hörst du sie reden?" Doch der Kürbis entgegnete: „Lass sie reden, die beeden!
Wenn wir auf alle Leute hören wollten, kämen wir nie ans Ziel!"
Und sie wanderten fröhlich weiter in die Welt. Der Kürbis und der Apfelkern,
sie hatten einander von Herzen gern. Und das war die Hauptsache. Oder?

Josef Guggenmos

Grau und rot

Ein verirrter Esel lachte
sich im Walde beinah tot,
denn vor ihm auf einem Baume
saß ein Eichhorn, feuerrot.

Brüllend, prustend, quiekend,
    kichernd
rief er: „So was sah ich nie!
Ha! I-a! Wie ist das komisch!
Rote Haare hat das Vieh!"

Lassen wir den Esel kichern!
Das gescheite Eichhorn spricht:
„Über rote Haare lachen
nur die Esel!"
Oder nicht?

Zbigniew Lengren,
deutsche Nachdichtung von James Krüss

Die Stachelschweine

An einem eisig kalten Wintertag – der
Wind pfiff schneidend – drängte sich eine
Schar Stachelschweine in ihrem Schlupf-
winkel so nahe wie möglich aneinander.
Aber als sie sich zusammendrängten,
bohrten sich ihre spitzen Stacheln
gegenseitig in ihre Körper. Sie wichen also
wieder auseinander, doch die eisige Kälte
zwang sie abermals, nahe zusammen-
zurücken.
Wieder stachen sie sich mit ihren Borsten
und wieder wichen sie auseinander.
Auseinander – zusammenrücken –
auseinander – das wiederholte sich so oft,
bis sie einen Abstand gefunden hatten,
der sie die Kälte des Winters ertragen ließ;
nicht allzu nahe beisammen, sodass sie
ihre Stacheln nicht störten, und nicht allzu
sehr auseinander, sodass sie nicht erfroren.
Diesen Abstand nannten sie Höflichkeit
und gutes Benehmen.

Arthur Schopenhauer

Das gütige Pferd

Ein alter Löwe lag todkrank vor seiner Höhle. Die Tiere, denen er bisher Angst
eingejagt hatte, freuten sich darüber. Sie ließen nun ihren Hass an ihm aus.
Der Fuchs kränkte ihn mit Worten.
Der Wolf beschimpfte ihn derb.
Der Ochse stieß ihn mit den Hörnern.
Das Wildschwein kratzte ihn mit den Hauern.
Der Esel gab ihm mutig einen Fußtritt.
Nur das Pferd stand still dabei, obgleich der Löwe seine Mutter gefressen hatte.
„Willst du ihm nicht auch etwas antun?", fragte der Esel.
„Nein", sagte das Pferd, „ich möchte mich an keinem rächen, der wehrlos ist."

Iwan Krylow, erzählt von René Rilz

Der Schwan, der Hecht und der Krebs

Wenn zur Gemeinsamkeit sich Eintracht nicht gesellt,
ist's um die Sache schlecht bestellt:
Es gibt nur Quälerei, und man bringt nichts zurecht.
Einst wollten Schwan und Krebs und Hecht
fortschieben einen Karr'n mit seiner Last
und spannten sich zu drein davor in Hast.
Sie tun ihr Äußerstes – er rückt nicht von der Stelle.
Die Last an sich wär' ihnen leicht genug,
allein der Schwan nimmt aufwärts seinen Flug,
der Krebs kriecht rückwärts,
und der Hecht strebt in die Welle.
Wer schuld nun ist, wer nicht,
darüber hier kein Wort,
der Karren aber steht noch dort.

Iwan Krylow

● Erkläre mithife des Glossars:
Was ist das Besondere an einer Fabel?

● Welche der Fabeln erinnert dich an eine Situation,
die du schon einmal selbst erlebt hast? Erzähle.

● Spielt gemeinsam eine Fabel vor. Überlegt, was die Figuren
sagen oder tun und wie sie sich bewegen könnten.

◑ Erzähltexte, lyrische Texte, szenische Texte kennen und unterscheiden; ◑ eigene Gedanken
zu Texten entwickeln, zu Texten Stellung nehmen und mit anderen über Texte sprechen
◑ lebendige Vorstellungen beim Lesen und Hören literarischer Texte entwickeln   AH S.17   63

Ferdi, Lutz und ich

Ferdi, Lutz und der Ich-Erzähler wohnen im selben Hochhaus und treten meistens gemeinsam auf, denn sie sind schon immer befreundet.

Meine Mutter findet, dass sich Jungs ab und zu streiten dürfen. Aber Lutz' Mutter sieht das ganz anders.

Lutz hört allerdings nicht so gerne auf seine Mutter.
Und ich eigentlich auch nicht.
Deshalb streiten wir immer wieder.

„Nix und!", sagte Lutz.

„Wohl!", rief ich, obwohl ich schon gar nicht mehr genau wusste, worum es ging.

„Nee!"

„Wohl!"

„Nee!"

„Ruhe!", kam es von Ferdi, der in der Rutsche lag und an einem Eis schleckte. Drei Kugeln Schoko mit einer Doppelportion Sahne halfen ihm dabei, den Tag zu überstehen.

Lutz und ich wurden sofort still. Denn Ferdi wog 53 Kilo und spielte mit uns Schleudern, was in etwa so ging: Arm packen, festhalten und auf der Stelle drehen. Dann loslassen.

Lutz wog 37 Kilo und flog wie ein Pfeil. Ich wog 38 Kilo und war einen Kopf größer als die beiden. Ich war lang und leicht und fiel wegen meiner Beine immer hin.

Mit Ferdi waren wir komplett. „Ferdi, Lutz und Co., der Alptraum aus der Zwo", hatte ich vor Kurzem gedichtet. Mit Zwo war unser Haus 2 gemeint.

„Ich sag doch nur, dass …", versuchte ich es noch einmal.

Doch Ferdi rief: „Ruhe!!!", und weil wir keine Lust aufs Schleudern hatten, sagten Lutz und ich nur: „O.k. …"

Armin Kaster

● Übe mit einem Partnerkind, den Text flüssig vorzulesen.

🌈 Wie kann man eine Leserolle, die zu diesem Buch passt, außen gestalten? Fertige eine Skizze an.

Streitschlichter – helfen statt wegschauen

Immer wenn Simon auf dem Schulhof Prügeleien beobachtet, hat er das Gefühl, seinen streitenden Mitschülern helfen zu müssen. Doch einfach so einzugreifen, traut er sich lange Zeit nicht.

Heute kann ihn keiner mehr abhalten zu helfen und Streit zu verhindern. Denn Simon ist Streitschlichter. Genauso wie seine Mitschülerin aus der Parallelklasse, Monika.

Als Streitschlichter tragen Monika und Simon viel Verantwortung. Deshalb wurden sie zusammen mit zwölf Mitstreitern richtig für ihren Job ausgebildet. Zwei Wochenenden lang gab es viel zu lernen. Eine richtige Prüfung im Streitschlichten stand auch noch an.

Drei Regeln sind besonders wichtig für Streitschlichter:

1. Jeder lässt jeden aussprechen, Schimpfwörter sind verboten.

2. Streitschlichter sind immer neutral, sie halten nicht zu einem der Streitenden.

3. Das Gespräch ist vertraulich, die Streitschlichter dürfen niemandem etwas von der Schlichtung erzählen.

Wenn Simon und Monika heute in ihren roten Streitschlichter-Pullis über den Pausenhof laufen, müssen sie keiner Prügelei mehr zusehen. Sie wissen genau, wie sie auf die streitenden Mitschüler zugehen müssen. Und haben gelernt, was sie sagen können, damit sich die erhitzten Gemüter wieder abkühlen.

Besonders wichtig ist dabei der Vertrag. Ein Vertrag, den die Streitschlichter zusammen mit den Streithähnen ausfüllen. Er beschreibt den Hergang des Streits und auch die Lösung, auf die alle sich geeinigt haben. „Und an diesen offiziellen Vertrag halten sich dann auch alle", meint Simon stolz.

Nadine Eckert

● Übe mit einem Partnerkind, den Text flüssig vorzulesen.

● Simon ist stolz. Worauf? Erkläre mithilfe des Textes.

Love That Boy

Love that boy,
like a rabbit loves to run
I said I love that boy
like a rabbit loves to run
Love to call him in the morning
love to call him
"Hey there, son!"

Walter Dean Myers

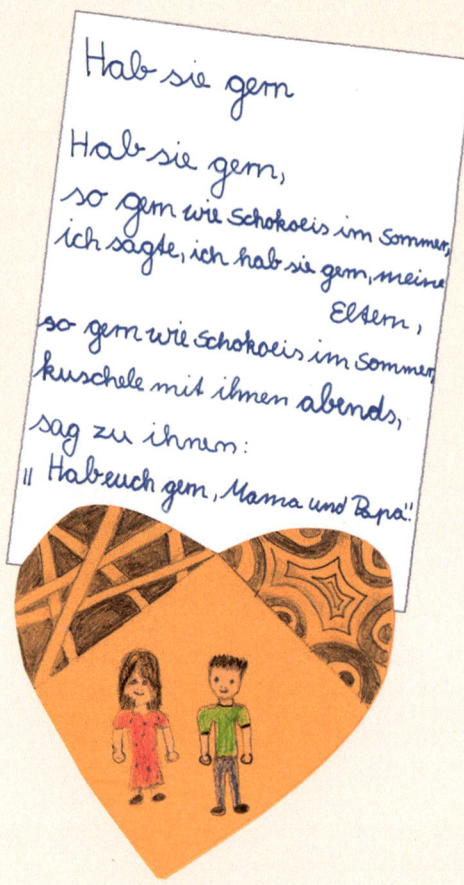

Hab sie gern

Hab sie gern,
so gern wie Schokoeis im Sommer,
ich sagte, ich hab sie gern, meine
Eltern,
so gern wie Schokoeis im Sommer,
kuschele mit ihnen abends,
sag zu ihnen:
" Hab euch gern, Mama und Papa!"

Hab sie gern

Hab sie gern,
so gern, wie ein Hund bellt,
ich sagte, ich hab sie gern,
diese Katzen,
so gern, wie ein Hund bellt,
ich tobe mit ihnen den
ganzen Tag

Ich rufe zu ihnen
"Hallo Merry, hallo Pip!"

Hab ihn gern

Hab ihn gern,
so gern, wie ein Hase rennt,
ich sagte, ich hab ihn gern, den Jungen,
so gern, wie ein Hase rennt,
ruf ihn immer morgens,
ruf ihm zu:
„Hallo, Sohn!"

Walter Dean Myers

 Betrachte genau den Aufbau dieser Gedichte. Achte auch auf die Vergleiche.
Schreibe ein Parallelgedicht über einen Menschen, den du besonders magst,
oder über ein Tier, das du sehr gern hast. Du kannst dein Gedicht in einer
Herztasche aufbewahren oder verschenken.

Im Winter

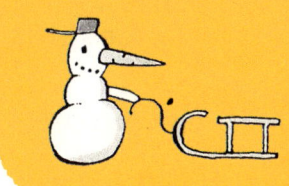

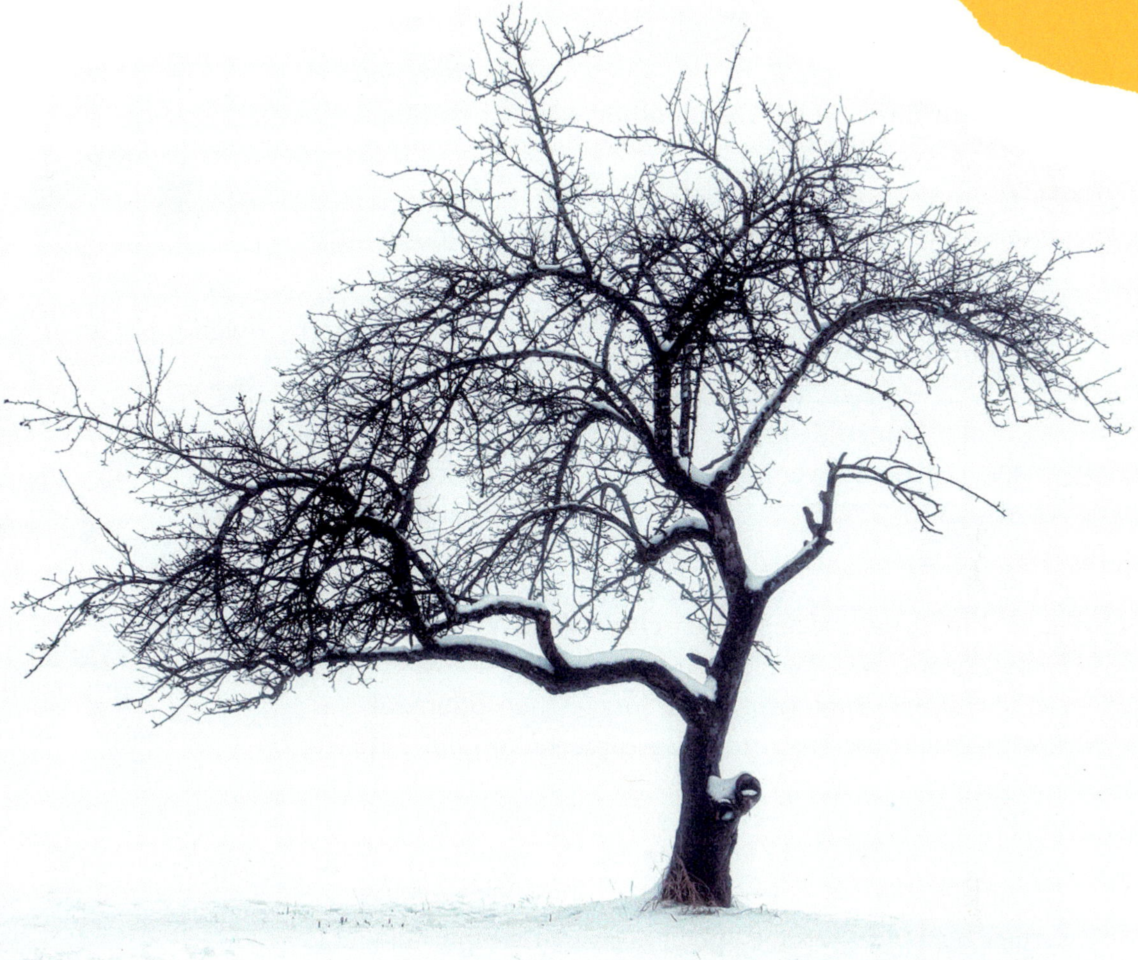

Dezember

Ein Baum
Ohne Laub
Steht einsam
Im Nebel …

Bald bringen
Raue Winde
Kalte Fröste
Oder Regen …

Schon schläft
Erschöpft
Die Erde ein
Vorm Winter.

Schenk ihr,
Dezember,
Ein Federbett
Aus Schnee.

Paulina Žemgulytė

Schwerpunkt-Bildungsstandard in diesem Kapitel:
- Geschichten, Gedichte und Dialoge vortragen, auch auswendig

So kannst du einen Text mit wörtlicher Rede vortragen

Schritt 1: erkennen, was gesprochen wird

Finde die Textstellen, in denen etwas gesprochen wird.
Orientiere dich an den Zeichen der wörtlichen Rede.

> „Ach so!", grollte Vater Löwenhaupt.

Schritt 2: erkennen, wer spricht

Untersuche die vorangehenden und nachfolgenden Sätze.
Orientiere dich an den Namen der Figuren.
Ordne den Personalpronomen die Namen der Figuren zu.

> er = Vater Löwenhaupt

> „Ach so!", grollte Vater Löwenhaupt.

> … donnerte er jetzt los: „Die Gans kommt auf den Weihnachtstisch …!"

Schritt 3: überlegen, wie gesprochen wird

Finde heraus, wie die Figuren sprechen.
Achte auf den Begleitsatz, auf Satzzeichen oder auf zusätzliche Hinweise zu den Besonderheiten der Figuren.

Hinweise im Text	Wie man den Text sprechen kann
„Ach so!", grollte Vater Löwenhaupt.	wütend
„Und ich? Was wird aus mir?!"	fragend und empört
„Aber Luitpold, verstehe doch!" suchte die Mutter ihn zu beschwichtigen.	beruhigend und langsam

Schritt 4: ausprobieren, üben und einschätzen

Probiere verschiedene Möglichkeiten aus.
Übe und schätze deinen Vortrag ein.
Du kannst auch ein Partnerkind um eine Einschätzung bitten.

In meinem Textvortrag kann ich mit meiner Stimme	
• hörbar machen, dass verschiedene Figuren sprechen (z.B. wie Vater Löwenhaupt, wie Mutter Löwenhaupt, wie … sprechen).	☆☆☆☆☆
• hörbar machen, wie die Figuren sprechen (z.B. laut, leise, fröhlich, wütend, fragend, beruhigend … sprechen).	☆☆☆☆☆
• hörbar machen, wie der Erzähler spricht.	☆☆☆☆☆

Die Weihnachtsgans Auguste

Da der Opernsänger Luitpold Löwenhaupt die Weihnachtsgans bereits im
November gekauft hat, schließen seine Kinder Auguste allmählich
ins Herz. Doch Weihnachten kommt näher und näher …

Eines Mittags meinte der Sänger Löwenhaupt plötzlich zu seiner Frau,
dass es nun mit Auguste „so weit wäre". Mutter Löwenhaupt machte
ihrem Mann erschrocken ein Zeichen, in Gegenwart der Kinder zu
schweigen.

5 Nach Tisch, als der Sänger Luitpold Löwenhaupt mit seiner Frau allein
war, fragte er sie, was das seltsame Gebaren zu bedeuten habe? Und nun
erzählte Mutter Löwenhaupt, wie sehr sich die Kinder – vor allem Peterle –
an Auguste, die Gans, gewöhnt hätten und dass es ganz unmöglich sei …
„Was ist unmöglich?", fragte Vater Löwenhaupt.

10 Die Mutter schwieg und sah ihn nur an.
„Ach so!", grollte Vater Löwenhaupt. „Ihr glaubt, ich habe die Gans
als Spielzeug für die Kinder gekauft? Ein nettes Spielzeug! Und ich?
Was wird aus mir?!"
„Aber Luitpold, verstehe doch!", suchte die Mutter ihn zu beschwichtigen.

15 „Natürlich, ich verstehe ja schon!", zürnte der Vater. „Ich muss wie stets
hintenanstehn!" Und als habe diese furchtbare Feststellung seine
sämtlichen Energien entfesselt, donnerte er jetzt los: „Die Gans kommt
auf den Weihnachtstisch mit Rotkraut und gedünsteten Äpfeln!
Dazu wurde sie gekauft! Und basta!"

20 Eine Tür knallte zu.
Die Mutter wusste, dass in diesem Stadium mit einem Mann
und dazu noch einem Opernsänger nichts anzufangen
war. Sie setzte sich in ihr Zimmer über eine Näharbeit
und vergoss ein paar Tränen. Dann beriet sie mit ihrer

25 Hausgehilfin Theres, was zu tun sei, da bis
Weihnachten nur noch eine Woche war.

Friedrich Wolf

🔴 Trage die Zeilen 5–20 vor. Mache mit deiner Stimme hörbar, dass
   • zwei Figuren sprechen;
   • Vater Löwenhaupt immer wütender und energischer wird;
   • es außerdem einen Erzähler gibt.

🔴 Schätze deinen Textvortrag ein. Nutze Schritt 4 auf Seite 68.

Alle Jahre Widder

Weihnachten steht vor der Tür, und Meister Matthäus von der himmlischen Weihnachtsorganisation ist verzweifelt. Alle Rentiere sind überlastet, und Herr Kaurismäki fordert als Vertreter der Rentiere Verstärkung. So startet Meister Matthäus einen Aufruf, dem tatsächlich bald Tiere aus der ganzen Welt folgen. Sie wollen Schlittenzugtiere werden, und Rentier Siggi soll sie ausbilden und trainieren.

Die unterschiedlichsten Tiere waren dem Aufruf von Meister Matthäus gefolgt: Galloway-Hochlandrinder aus Schottland, zottelig wie Plüschtiere, amerikanische Bisons mit mächtigen Köpfen, kräftige Wasserbüffel aus Pakistan, diverse Antilopenarten aus aller Herren Länder und alle
5 möglichen Pferde vom Shetlandpony bis zum riesigen Brauereigaul. Auch Esel, Maultiere und Elche waren vertreten. Irgendwo tauchten das imposante Horn eines Rhinozerosses, zwei Kamelhöcker, ein paar Elefantenrüssel und der dunkelfeucht glänzende Hintern eines Nilpferdes auf. Erstaunlich, wer sich da so angesprochen fühlte, dachte
10 Meister Matthäus. Absolut erstaunlich.
Siggi stieß ihn an und warf ihm einen Blick zu, der *Wen hast denn du da alles angeschleppt?* bedeutete.
„Nun ja", sagte Meister Matthäus. „Nilpferde und Elefanten können uns vielleicht nützlich sein, oder?" – „Und was ist mit denen dahinten?"
15 Meister Matthäus schaute und machte: „Ähem." Sah er richtig? Hüpften da Kängurus zwischen den anderen Bewerbern herum? Und da vorne, war das ein Hängebauchschwein? Der markante Kopf dahinter mit dem Fusselbart gehörte jedenfalls eindeutig einer Ziege. Dann hoppelte ein außergewöhnlich kleines Kaninchen den beiden
20 Männern und dem Rentier vor die Füße.
Während Herr Kaurismäki ein donnerndes „Willkommen, Kollegen!" über den Platz wieherte, wandte Siggi sich an Meister Matthäus: „Meinst du, alle Bewerber sind optimal für ihren neuen Job geeignet?"
„Hm", brummte der Abteilungsleiter und rieb sich über den falschen Bart,

25 den er extra zur Begrüßung der Neuankömmlinge angelegt hatte.
„Gemeinsam werden wir es schon schaffen", rief Herr Kaurismäki.
„Hauptsache, die Arbeitsbedingungen stimmen, die Mitarbeiter sind gut
organisiert und alle ziehen an einem Strang, oder besser: Schlitten."
Die Neuankömmlinge klatschten mit sämtlichen Hufen und Klauen Beifall
30 und das Rentier kletterte umständlich von der Bühne und
begann Aufnahmeanträge für die Gewerkschaft zu verteilen.
Das kleine Kaninchen richtete sich unterdessen vor dem Podest auf.
„Ich bin Widur", schnuffelte es.
„Wie kommst du hierher?", fragte Meister Matthäus.
35 Das Kaninchen hob eine Pfote und rief: „Klick! Schon war ich hier."
„Aber … wo hast du denn von uns erfahren?"
„Na, in der Arena, in der ich soeben noch ein riesiges Trumm von
Hundevieh erledigen wollte. Ich lass mir durch euer Angebot
wahrscheinlich eine Bilderbuch-Karriere als Boxer entgehen. Aber es gibt
40 schließlich noch was anderes im Leben, als sich gegenseitig auf die Nase zu
hauen. Ich hab mir die Sache angeschaut und gleich gewusst: Bingo!
Das kann keiner besser als ich."
„Wieso?", fragte Siggi.
„Ich bin ein Widder", erklärte das Kaninchen stolz. Siggi schüttelte
45 den Kopf. „Du bist ein Kaninchen. Ein sehr kleines Kaninchen.
Außergewöhnlich winzig." – „Ich bin ein Widder", wiederholte Widur
unbeirrt und machte sich so lang, dass er Siggi fast bis zum Knie reichte.
„Widder haben eine Menge außergewöhnlicher Fähigkeiten und
können ordentlich was wegschaffen, das dürfte bekannt sein. Von mir aus
50 kann's sofort losgehen."
Siggi begann in der Tat unverzüglich mit dem Training in der Kulissen-
stadt. Sie befand sich auf einem Gelände, das aus Sicherheitsgründen ein
gutes Stück vom Bürokomplex entfernt war, und sah aus wie ein riesiges
Filmstudio.
55 Die Weihnachtsorganisation hatte hier alle Arten von Häusern nachgebaut,
die Menschen zu errichten pflegen.
Der Anfang war schwierig. Die Elefanten-Rhinozeros-Schlittenkombination

durchbrach beim ersten Anflug die Vorderfront des Hauses, das mit
Geschenken beliefert werden sollte, pflügte durch das erste Stockwerk,
60 krachte auch durch die Hinterfront und donnerte mit einem dumpfen
Aufschlag, der das Trainingsgelände erzittern ließ, in die weiche Gartenerde.
Ein Antilopengespann verlor in der Luft die Orientierung und machte
einen Looping. Anschließend flog es verkehrt herum weiter.
Der Weihnachtsmann an den Zügeln zischte wie eine rote Rakete aus
65 seinem Sitz Richtung Erde und sämtliche Geschenke prasselten zu Boden
wie riesige Hagelkörner.
Siggi, der alles seelenruhig von unten aus beobachtete, ging routiniert in
Deckung. Als der Kutscher etwas blass um die Nase an seinem Fallschirm
auf die Erde plumpste, klopfte Siggi ihm auf die Schulter.
70 „Alles im grünen Bereich?"
„Klar, Trainer", erwiderte der Kutscher und die Blässe um seine Nase
neigte tatsächlich ins Grüne.
Siggi schaute wieder hoch und lenkte den ferngesteuerten Sandberg
für Notlandungen aller Art elegant an die richtige Stelle. Gleich darauf
75 steckten die Antilopen kopfüber darin. Siggi lief zu ihnen hin und
tätschelte ihnen das Fell.
„War schon gar nicht schlecht, Leute!" – „Wirklich, Trainer?"
„Aber ja! Nur der Neigungswinkel war etwas zu groß. Aber wir
kriegen das hin!"
80 Siggi behielt Recht, obwohl die Schwierigkeiten nicht nur das Fliegen
betrafen. Der Kampfstier Luis etwa drehte anfangs jedes Mal durch,
wenn er einen rot gekleideten Weihnachtsmann sah.
Fast alle Zugtiere machten Riesenfortschritte, nur mit den Kängurus und
dem Kaninchen klappte es einfach nicht.
85 Der Känguru-Schlitten schlingerte, hopste und bockte dermaßen, dass er
am Himmel stets aussah wie ein auf und nieder springender Flummi.
Die Kutscher verließen ihn jedes Mal blass im Gesicht und meldeten
sich krank.
Es gelang Siggi schließlich, die Beuteltiere zur australischen Boden-
90 Auslieferung zu versetzen, und die Kängurus leisteten dort fortan

viele Jahre hervorragende Arbeit. Tja, und Widur, das außergewöhnlich kleine Kaninchen? Herrje. Es konnte in kein Gespann integriert werden. Es war einfach zu schwach. Aber es ließ sich nicht beirren.

„Wenn die anderen meinen, sie kommen besser ohne mich klar: in
95 Ordnung", erklärte es Siggi. „Dann zieh ich mein Ding eben allein durch."
Um Widur ein Erfolgserlebnis zu verschaffen, besorgte Siggi einen Kinderschlitten und stellte ein einziges, leeres Päckchen darauf, damit er nicht völlig unbeladen aussah. Aber Widur bekam selbst den nicht von der Stelle.

100 „Die Kufen blockieren", schnaufte er wütend. „Materialfehler!"
„Die Kufen sind schon in Ordnung", sagte Siggi vorsichtig zum ungezählten Mal. „Vielleicht fehlen dir doch ein paar Muckis. Wie wäre es, wenn du erst mal noch für ein paar Jahre Möhren knabberst?"
„Schaff mir einen anderen Wagen heran", befahl Widur. „Und zwar
105 in einwandfreiem Zustand, wenn ich bitten darf."
„Du bist ein sturer kleiner Bock", brummte Siggi.
Schließlich trieb er einen winzigen Puppenschlitten auf. Bei sämtlichen Flugversuchen stürzte Widur auch damit ab, doch unten am Boden gelang es ihm, das Gefährt Stück für Stück von der Stelle zu zerren.
110 „He, Siggi!", keuchte er. „Siggi, schau her! Superwidder im Einsatz!"
Siggi seufzte.
„In ein paar Monaten brauchen wir jede Menge Osterhasen", sagte er.
„Wär das nichts für dich? Ich denke, ein Wachtelei könntest du schon tragen."
„Ich bin kein Osterhase", erklärte Widur. „Ich bin ein Widder.
115 Und dabei bleibt's."

Martin Klein

● Bereite den Textabschnitt von Zeile 96–115 zum Vortragen vor.
Lies genau und finde heraus:
• Welche Figuren sprechen?
• Wie sprechen die Figuren?
• Wie spricht der Erzähler?
Übe den Textvortrag. Trage den Abschnitt
einem Partnerkind vor. Schätzt den Vortrag ein.

● Wähle einen Abschnitt ohne wörtliche Rede.
Denke dir ein Gespräch dazu aus.
Spiele das Gespräch oder gestalte einen Comic.

Dezembergedichte

Dezember

Es schneit
und es ist still.
Jetzt weiß ich,
was ich will:
Ich will,
dass es schneit
und still ist.
So stehe ich lange da
und in die Stille hinein
sage ich laut:

Jetzt
ist
Weihnachten.

Heinz Janisch

Advent

Es treibt der Wind im Winterwalde
die Flockenherde wie ein Hirt,
und manche Tanne ahnt, wie balde
sie fromm und lichterheilig wird;
und lauscht hinaus. Den weißen Wegen
streckt sie die Zweige hin – bereit,
und wehrt dem Wind und wächst entgegen
der einen Nacht der Herrlichkeit.

Rainer Maria Rilke

Kinderjahr: Dezember

Rascheln und flüstern
Mit Engelsflügeln im Bauch
Dehnt sich die Stunde

Rotraut Susanne Berner

Weihnachten

Markt und Straßen stehn verlassen,
Still erleuchtet jedes Haus,
Sinnend geh ich durch die Gassen,
Alles sieht so festlich aus.

An den Fenstern haben Frauen
Buntes Spielzeug fromm geschmückt,
Tausend Kindlein stehn und schauen,
Sind so wunderstill beglückt.

Und ich wandre aus den Mauern
Bis hinaus ins freie Feld,
Hehres Glänzen, heil'ges Schauern!
Wie so weit und still die Welt!

Sterne hoch die Kreise schlingen,
Aus des Schnees Einsamkeit
Steigt's wie wunderbares Singen –
O du gnadenreiche Zeit!

Joseph von Eichendorff

Ein Weihnachtslied

Es ist Weihnachten geworden.
Kalter Wind bläst aus dem Norden
und hat Eis und Schnee gebracht.

Doch am Weihnachtsbaum die Kerzen,
die erwärmen unsre Herzen,
und des Kindes Auge lacht.

Und man sieht auf den verschneiten
Straßen weiße Engel schreiten
durch die stille, heil'ge Nacht.

Heinz Erhardt

🌈 Wähle ein Gedicht zum Vortragen aus. Lerne es auswendig.

🔴 Untersuche die Anzahl der Strophen, der Verse und ob sich das Gedicht reimt.

○ Geschichten, Gedichte und Dialoge vortragen, auch auswendig
○ Erzähltexte, lyrische Texte, szenische Texte kennen und unterscheiden

75

Verdrehte Wörter

Zeiteis	Beineis	Waffeleis
Bäreis	Zapfeneis	Schichteis

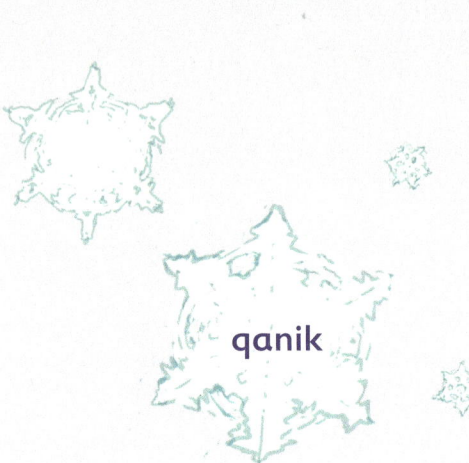

qanik

qannia-
laq

✦✦✦ im Dorf

Wohin man schaut, lümmeln sie auf den Hecken, dick und weiß und faul,
und drücken die Zweige nieder. ✦✦✦bären!
Auf den Ästen der Obstbäume liegen sie zu Aberhunderten: ✦✦✦marder
und ✦✦✦mäuse! ✦✦✦pudel! ✦✦✦pumas! Und dort gar, in der großen
Astgabel, ein richtiger ✦✦✦nikolaus! Hubers haben einen Zaun.
Der gilt nicht mehr. ✦✦✦ steigt von der Straße in Hubers Garten.
Und von Hubers Garten in Auerbachs Garten.
✦✦✦.
✦✦✦.
Und es ✦✦✦ noch immer. Am Weg steht ein Nilpferd, bis hoch über die Ohren
einge✦✦✦. Vielleicht stößt man auch, wenn man nachgräbt,
auf ein Auto. Ich gehe mitten auf der Straße. Heute fährt nur, wer wirklich muss.
Keiner muss wirklich.

Josef Guggenmos

Worte für Schnee

Hier ist eine Zeile verrutscht. Findest du sie? An welche Stelle gehört sie?

Stell dir vor, die Inuit haben 20 verschiedene Worte für
Schnee. Da gibt es ein Wort für Schnee, der ganz frisch
ist, und eines für Schnee, der schon alt ist. Es
eines für Schnee der pappig und fest ist. Es gibt ein
Wort für Schnee, der hellweiß ist und in den Augen blendet,
so hell ist er. Und es gibt ein Wort für Schnee, der ein bisschen
grau ist. Es gibt sogar ein Wort für Schnee, der in der
gibt ein Wort für Schnee, der flockig und leicht ist, und
Nacht gefallen ist, und ein Wort für Schnee, der tagsüber fällt.

Tanja Dückers

Findest du vier
Schneewörter der Inuit
auf dieser Seite?

illusaq

Ein Schneekristall hat keinen Partner

aputi

fallender Schnee
Schnee, der zum Bau
eines Iglus geeignet ist
Schnee auf dem Boden
leichter, fallender
Schnee
…

Woher hat das Eisbein seinen Namen?

Vielleicht kennst du diese deftige Mahlzeit, ★★★.
Zum Kochen des Eisbeins verwendet man ★★★.
Das Essen trägt diesen Namen, weil früher ★★★   auf dem Eis
des Schweinebeins Kufen hergestellt wurden.
Und so konnte man auf Teilen des   Schweinebeine
Schweinebeins ★★★ laufen.

Eisbein mit Sauerkraut

aus gespaltenen Röhrenknochen   für Schlittschuhe

Feste der Welt

Die dunkle Jahreszeit Winter wird bei den Christen durch Feste wie Weihnachten oder Nikolaus erhellt. Auch in anderen Religionen gibt es große Feste, die rund um die Welt gefeiert werden.

Ein christlicher Weihnachtsgottesdienst*

Weihnachten

Ein wichtiges Fest der **Christen** ist das dreitägige Weihnachtsfest, bei dem an die Geburt von Gottes Sohn Jesus erinnert wird. Am 24. Dezember, dem „Heiligabend", gehen viele Menschen in die Kirche und feiern Gottesdienst. Dort finden häufig Krippenspiele statt, in denen die Weihnachtsgeschichte nachgespielt wird. Familien und Freunde beschenken einander und treffen sich zum gemeinsamen Essen. Dazu stellen viele einen geschmückten Weihnachtsbaum auf, zünden Kerzen an und singen Weihnachtslieder.

Zuckerfest

Mit dem „Zuckerfest" (auf Türkisch Şeker Bayramı) endet bei den **Muslimen** der Fastenmonat Ramadan. Dazu gibt es ein Festessen mit vielen Süßigkeiten. Verwandte und Freunde besuchen und beschenken sich gegenseitig. Es werden besondere Gebete gesprochen. Die Festtage des Islam richten sich nach dem Mondkalender. Da das Jahr darin kürzer ist als in unserem Sonnenkalender, findet das Zuckerfest jedes Jahr an einem anderen Tag statt.

Muslime beim Zuckerfest

Buddhisten beim Vesakh-Fest

Vesakh

Das größte Fest bei den **Buddhisten** wird „Vesakh" genannt. Es erinnert an die Geburt, die Erleuchtung und den Tod von Buddha. Da alle drei Ereignisse in einer Vollmondnacht stattgefunden haben sollen, wird das Fest in einer Vollmondnacht im Mai oder Juni gefeiert. Das genaue Datum ändert sich in jedem Jahr. Für Vesakh werden die Straßen mit Lichtern, Fahnen und Bildern geschmückt. Überall finden Prozessionen und Zeremonien statt.

Divali

Divali ist das große Lichterfest der **Hindus**.
Es dauert mehrere Tage und findet im Herbst
statt. Das genaue Datum ändert sich jedes Jahr.
Das Licht in der Dunkelheit wird als Symbol
verstanden für den Sieg des Guten über das
Böse. Deshalb schmücken die Hindus alles mit
Öllämpchen: Häuser, Straßen, Seen und Flüsse.
Außerdem gibt es riesige Feuerwerke. An diesem
Fest werden auch Götter geehrt, besonders
Lakshmi, die Göttin des Glücks und des
Reichtums.

Hindus bei der Vorbereitung von Divali

Chanukka

Im November oder Dezember feiern die **Juden**
acht Tage lang das Chanukka-Fest. Das genaue
Datum ändert sich jedes Jahr. Es ist ein Lichterfest, das an den Sieg der Juden über einen König
erinnert, der ihnen ihre Religion verbieten wollte.
Familien und Freunde treffen sich abends zu
einem Festessen, und die Kinder bekommen
Chanukka-Geschenke. Ein alter Brauch soll an
ein Wunder bei der Wiedereinweihung eines
jüdischen Tempels erinnern: An einem achtarmi-
gen Kerzenständer wird an acht Tagen hintereinander täglich eine Kerze mehr angezündet, bis
am Ende alle acht Kerzen brennen.

Das jüdische Chanukka-Fest

*Dieser Gottesdienst mit
Krippenspiel fand am
Heiligabend 2008 in der
evangelischen Herrenhäuser
Kirche in Hannover statt.

● Lies die Texte und betrachte die Bilder.
Welche Gemeinsamkeiten und Unterschiede stellst du fest?

● Welche Feste feiert ihr in eurer Familie?
Bei welchem Fest würdest du gern einmal mitfeiern?

○ Gemeinsamkeiten und Unterschiede von Texten finden
○ eigene Gedanken zu Texten entwickeln, zu Texten Stellung nehmen
und mit anderen über Texte sprechen

79

Ein Schaf fürs Leben

Die erste Begegnung

Es ist ein kalter Winterabend. Missmutig zieht Wolf seinen Schlitten durch den Schnee den Hügel hinauf. Ein eisiger Wind pfeift ihm durch die Mütze. Er ist sehr hungrig.

Als Wolf oben auf dem Hügel stand, sah er einen einsamen Bauernhof.
Mit gemütlichem Licht hinter den Fenstern. Und einen großen Stall daneben.
Wolfs Augen begannen zu leuchten.
Lautlos parkte er den Schlitten im Mondschatten – und machte vorsichtig die Stalltür auf. „Guten Abend", sagte Wolf mit seiner tiefen Bassstimme.
„Wer ist da?", blökte ein feines Stimmchen. Das klang nach Schaf.
Ein Schaf, das ganz allein im Stall lag.
„Wir wollen die Sache mit Stil angehen", murmelte Wolf. Er nahm seine Mütze ab und fuhr sich mit einem Elfenbeinkamm durchs Haar.
„Was ist?", rief Schaf mit spitzer Stimme. „Wird das noch mal was?"
„Verzeihen Sie, dass ich Sie in Ihrer Nachtruhe störe, aber die Sache ist die, dass es mich, der ich ein Wolf bin, ziemlich dringend nach einem Häppchen verlangt."
„Was?", fragte Schaf.
„Hunger", antwortete Wolf. Er ging auf knirschenden Sohlen drei Schritte näher heran.
„Ach so", sagte Schaf. „Sag das doch! Wir haben hier Hafer, altes Brot und Heu. Nimm dir, was du willst!"

Maritgen Matter

🔴 Übe mit einem Partnerkind, den Text flüssig vorzulesen.

🌈 Probiert verschiedene Möglichkeiten aus, den Text vorzutragen.
Schätzt euch gegenseitig ein. Nutzt Schritt 4 auf Seite 68.

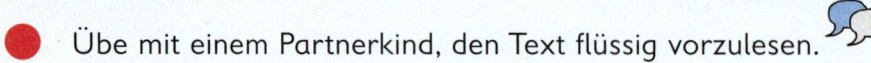

Ausflug nach Erfahrungen

In einer Winternacht kommt der hungrige Wolf
an einen Stall und entdeckt Schaf – ganz allein.
Nach der ersten Begegnung möchte Wolf seinen
freundlichen Gastgeber nun fressen, aber mit Stil.
Daher lädt er Schaf zunächst zu einem Ausflug ein.

Nachdem Wolf nacheinander mit allen Fingern
geknackt hatte, sagte er: „Die Sache ist die.
Wir unternehmen etwas Schönes zusammen. Jetzt gleich. Und zwar machen wir
eine Schlittenfahrt. Na?"
Schaf sah ihn mit runden Augen an. „Und was ist mit deinem Hunger?"
„Ach, das ist doch nebensächlich", sagte Wolf, und er versuchte seinen knurrenden
Magen mit Hüsteln zu übertönen. „Das ist nicht das Entscheidende im Leben.
Erfahrungen, darauf kommt es an. Das möchte ich Ihnen heute Nacht zeigen."
Erfahrungen … grübelte Schaf. Wo mag das sein? „Ist das sehr weit weg,
Erfahrungen?", fragte Schaf.
„Es ist näher, als Sie denken", sagte Wolf, während er seine Krallen betrachtete.
„Kommen Sie. Ich nehme Sie mit auf einen Ritt!"
„Du bist ein Dichter!", rief Schaf überrascht.
„O ja, auch das bin ich", sagte Wolf.
„Bist du Künstler? Kommst du aus der großen Stadt?", fragte Schaf neugierig.
„Warum nicht", antwortete Wolf. „Aber kommen Sie. Die Zeit drängt."
Er sah auf seine goldene Uhr.
„Was ist das?", fragte Schaf. „Ist das aus Gold?"
„Ja", sagte Wolf. „Das ist ein Zeitmesser. Ihre Zeit ist gekommen.
Ich meine, es ist Zeit zu gehen. Ich verspreche Ihnen, dass es
eine unvergessliche Fahrt wird!"
Schaf starrte Wolf mit offenem Mund an. Ein Dichter aus Erfahrungen!
Mit einem wichtigen Zeitdings aus Gold! Schnell zog Schaf
seine Stiefel an und band sich einen Schal um.

Maritgen Matter

🔴 Übe mit einem Partnerkind, den Text flüssig vorzulesen.

🔴 Wolf möchte Schaf **Erfahrungen** zeigen. Was meint er damit?
Erkläre einem Partnerkind.

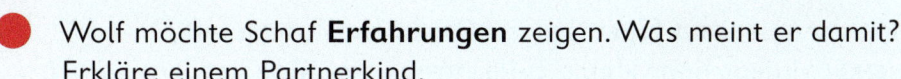

Haiku für ein Jahr

Kalender

ichigatsu

Die schwarzen Schwalben
Nun dort in Reihe sitzen
Wie das so üblich

Nakamura Kusadao

一月	ichigatsu	Januar
二月	nigatsu	Februar
三月	sangatsu	März
四月	shigatsu	April
五月	gogatsu	Mai
六月	rokugatsu	Juni
七月	shichigatsu	Juli
八月	hachigatsu	August
九月	kugatsu	September
十月	jungatsu	Oktober
十一月	junichigatsu	November
十二月	junnigatsu	Dezember

nigatsu

Sowohl die Stare
Als auch die Leute rufen:
O diese Kälte!

Kobayashi Issa

★ Schreibe gemeinsam mit einem Partnerkind ein Haiku
zu den Besonderheiten eines Monats.
Gestaltet einen Kalender mit euren Haiku-Gedichten.
Oder:
Schreibe die Monatsnamen auf Japanisch mit Pinsel und Tusche auf
und suche passende Haikus oder kleine Gedichte zu den Monaten aus.

Von Tieren und Menschen

Der Fisch
heißt Wal.
Er ist
nicht schmal,
sonst wär's
ein Aal.

Jürgen Spohn

Schwerpunkt-Bildungsstandards in diesem Kapitel:
- Verfahren zur ersten Orientierung über einen Text nutzen
- Informationen in Druck- und – wenn vorhanden – elektronischen Medien suchen

83

So kannst du entscheiden, was du genauer lesen möchtest

Schritt 1: einen Überblick über den Text gewinnen

Du kannst verschiedene Verfahren nutzen:

- **dich an Überschriften, Bildern oder Hervorhebungen orientieren**
  Überfliege den Text mit den Augen. Achte auf Überschriften, Bilder und Hervorhebungen.

- **den Anfang, einige Sätze in der Mitte, das Ende des Textes lesen**
  Bei kurzen Texten: Lies den Anfang, einige Sätze im Mittelteil und das Ende des Textes. Achte auf Wörter, die sich im Text wiederholen.

Der Fischer und der Wal

- **den ersten und letzten Satz eines Absatzes/Abschnitts lesen**
  Bei längeren Texten: Lies den ersten und letzten Satz eines Absatzes/Abschnitts. Achte auf Wörter, die sich im Abschnitt wiederholen.

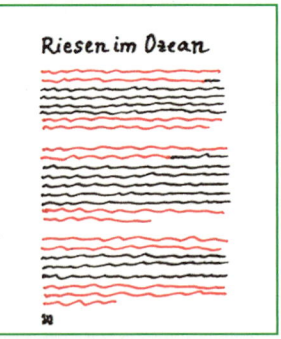

Riesen im Ozean

Schritt 2: entscheiden, was du genauer lesen möchtest

Überlege und entscheide dann, was du genauer lesen möchtest:

- Worum geht es im Text?
- Enthält der Text nützliche Informationen?
- Weckt der Text dein Leseinteresse?

Der Fischer und der Wal

Einmal paddelte ein Fischer betrübt heim. Er hatte kein Glück gehabt –
zwei armselige Dorsche, das war sein ganzer Fang. Wie er sich mit seinem
Boot dem Land näherte, da sah er an einer Stelle, wo sonst nichts gewesen
war als Sand, einen großen Steinblock liegen.

5 Der Fischer zog seinen Kajak an Land und ging hin, um sich den Stein
aus der Nähe zu betrachten. Und da stellte es sich heraus, dass es gar
kein Stein war, sondern ein Wal, der auf dem Strand lag und schlief.
Sicher war er aus der Tiefe ins seichte Wasser geschwommen, um
sich auszuruhen, und während er schlief, hatte ihn die Ebbe

10 überrascht, und so war der Wal auf dem Trockenen gelandet. Der Fischer
konnte es kaum fassen. Denn einen Wal zu fangen, das konnte man wirklich
ein Glück nennen. Schnell lief er zum Boot zurück, um seine Harpune
zu holen.

Als er zurückkam und den Wal mit der Harpune erlegen wollte, da wurde
15 dieser munter. „Töte mich nicht, guter Mann", bat er. „Es soll gewiss
dein Schaden nicht sein." Der Fischer erschrak. Und so ließ er
die Harpune sinken. „Du wirst es nicht bereuen", versicherte der Wal.
Der Fischer überlegte, ob es nicht falsch gewesen war, auf den Wal
zu hören. Einen solchen Fleischberg ins Meer zurückschwimmen zu lassen,
20 war das nicht Wahnsinn?

Inzwischen kam die Flut, und der Wal verschwand im Meer. Aber etwas
war von jenem Tag an anders. Sooft der Fischer aufs Meer fuhr, nie kehrte
er mit leeren Händen heim, selbst wenn die anderen Fischer keinen
einzigen Fisch gefangen hatten. Mit seinem Boot war nämlich etwas
25 Seltsames vorgegangen – es fuhr seine eigenen Wege: stets dorthin,
wo auch die Fischschwärme zogen.

Und so kam der Fischer mit der Zeit zu der Überzeugung, dass das
alles nicht mit rechten Dingen zuging. Und es gab dafür nur eine
Erklärung: Der Wal hatte sein Versprechen gehalten. Der Fischer
30 behielt sein Geheimnis für sich, und das Jagdglück verließ ihn nie
mehr, solange er lebte.

Märchen der Inuit, erzählt von Jan Suchl

● Lies den Anfang, einige Sätze in der Mitte und den Schluss.
Worum geht es in dem Text?

● Weckt der Text dein Leseinteresse? Begründe.

Riesen im Ozean

Wale leben im Wasser, sehen fast wie Fische aus und haben Flossen. Ihre große Schwanzflosse nennt man **Fluke**. Der Körper von Walen ist mit einer dicken Speckschicht umgeben, die man als **Blubber**
5 bezeichnet. Dennoch sind Wale Säugetiere. Sie gebären ihre Jungen lebend und säugen sie mit Muttermilch. Wale können unter Wasser nicht atmen und müssen zum Luftholen regelmäßig auftauchen. Mit den Fischen sind sie nicht
10 verwandt: Sie haben weder Kiemen, noch legen sie Eier.

Zahnwale

Es gibt etwa 80 verschiedene Arten von Walen. Man teilt sie in zwei Gruppen: Bartenwale und Zahnwale. Wale mit Zähnen
15 gehen auf die Jagd. Der gefährlichste Zahnwal ist der Schwertwal (auch **Orca** genannt). Er wird bis zu 9 Meter lang und 4 Tonnen schwer. Die Rückenflosse der Männchen kann bis zu 2 Meter hoch werden. Schwertwale leben von Fischen, Pinguinen, Robben und Seevögeln. Sie sind die gefährlichsten Raubtiere der Meere und können in Gruppen
20 sogar Finnwale erlegen.

Schwertwale (Orcas) bei der Jagd

Blauwal

Bartenwale

Wale mit Barten ernähren sich von Plankton, winzigen Meereslebewesen.
Mit Hornplatten (Barten), die vom Oberkiefer hängen, filtern sie Wasser oder
Sand vom Meeresboden. Wie in einem Sieb bleiben kleine Fische, Krebse,
25 Würmer, Schnecken und Muscheln hängen. Ein Wal, der von kleinen Tieren lebt,
muss aber nicht klein sein. Im Gegenteil – die Riesen der Meere sind Bartenwale:
Blauwal, Finnwal und Grönlandwal.
Der Superriese der Meere, der Blauwal, ist das größte Tier, das jemals auf
der Erde gelebt hat. Nicht einmal die Dinosaurier waren so groß wie er:
30 Über 30 m lang und über 200 Tonnen schwer ist ein ausgewachsener Blauwal.
Das entspricht etwa dem Gewicht von 5 000 Schulkindern. Allein seine Zunge
wiegt so viel wie ein ausgewachsener Elefant. Nur im Wasser konnte sich so ein
riesiges Lebewesen entwickeln. Der Blauwal wäre viel zu schwer, um sich an
Land zu bewegen. Außerdem gibt es im Meer weniger Hindernisse, mehr Platz
35 und ein reiches Nahrungsangebot.

● Lege eine Tabelle über Schwertwal und Blauwal an.
Welche Abschnitte musst du genauer lesen?
Ergänze die Tabelle mithilfe des Textes.

	Schwertwal	Blauwal
Walart		
Nahrung		
Länge		
Gewicht		
Besonderheiten		

● Ist der Wal ein Fisch?
In welchem Abschnitt findest du die Information?

● Zu welcher Gruppe von Walen gehört der Pottwal?
Nutze eine Kinder-Suchmaschine.

◐ Verfahren zur ersten Orientierung über einen Text nutzen
◐ gezielt einzelne Informationen suchen
◐ Informationen in Druck- und – wenn vorhanden – elektronischen Medien suchen   AH S. 22/23   87

Sams Wal

Das Meer lag spiegelglatt und still – als ruhe es sich aus nach der
stürmischen Nacht. Sam ging auf dem Kamm der Düne entlang und sah
hinunter zu den Klippen und über das Meer. Plötzlich blieb er stehen
und starrte auf einen ganz bestimmten Punkt unten am Strand. Da war ein
5 dunkler Hügel auf dem weißen Sand kurz vor dem Rand des Wassers.
Mit einer Hand schirmte er die Augen ab. Als er lange genug hingesehen
hatte, erinnerte ihn der dunkle glatte Hügel an etwas.
Solche dunklen Hügel hatte er schon einmal gesehen. Es waren die toten
Körper von großen Meerestieren gewesen. Sie hatten sich verirrt, waren an
10 seichte Stellen geraten und schließlich auf den Strand gespült worden.
Sam erinnerte sich: Er hatte neben den großen toten Walen gestanden.
Er hatte ihre gummiartige, weiß genarbte Haut angefasst. Er hatte sich
ein paar Zähne aus den Kiefern der Wale gepult. Er hatte sie poliert und
aufbewahrt als seinen Schatz.

15 Sam rutschte die Düne hinunter und lief über den harten Sand des Küsten-
streifens. Staunend blieb er neben dem Tier stehen.
Der Schwanz und die kleine Rückenflosse, das sah aus wie bei einem Delfin.
Der schräg abgeflachte Kopf sah aus wie bei einem Haifisch. Das Tier lag
auf der Seite, dort, wo die Brandung auslief. Seine dunkle Haut schimmerte
20 in der Morgensonne. Sam stand im seichten Wasser und beugte sich über
den Kopf des Tieres. Da sah er das offen stehende Maul.
„Phooooh!", staunte Sam und pfiff anerkennend. Auf dem rosa Unterkiefer
blitzte eine Reihe leuchtend weißer Zähne. Unvorstellbare Zähne – spitz und
scharf, nach innen gekrümmt, klein und vollkommen regelmäßig.
25 Sam starrte sie an, beeindruckt von ihrer Schönheit. Er hatte sich noch gar
nicht beruhigt, da wurde die Stille plötzlich und ohne Vorwarnung von
einem heiseren Röcheln, wie von einer Explosion, unterbrochen. Es kam
aus dem Kopf des Tieres und es hörte sich an wie eine Dampfmaschine, wie
ein Schnaufen aus einem Albtraum. Sam schnellte zurück, er schrie laut auf,
30 und dann stolperte er gegen die Flosse, die sich anfühlte wie Gummi.
Unwillkürlich zuckten seine nackten Füße zurück, er drehte sich um und
machte einen Satz weg von dem Tier. Hinter ihm hob sich die große
Schwanzflosse. Er konnte es nicht sehen, aber er spürte es. Sein Herz raste
vor Angst. Dann prallte ein schweres Gewicht gegen seinen Rücken und
35 warf ihn mit dem Gesicht nach unten in die Brandung. Sand schürfte seine
Wangen, Salzwasser brannte in seiner Kehle.

Auf Händen und Knien kroch er aus dem Wasser. Seine Lunge bebte und
seine Gedanken überschlugen sich …
Er lebt … er ist LEBENDIG!
40 Triefend nass ließ sich Sam in einiger Entfernung in den Sand fallen.
Er atmet, dachte er. Es ist wirklich ein Wal.
Er beobachtete das Tier und wartete auf das nächste Öffnen des Atemlochs,
das nächste heiser röchelnde Lufteinsaugen.
Eine Welle ergoss sich über den Rücken des Tieres. Millionen silbrige
45 Wassertropfen rannen über die glatte Haut des Wals.
Die dunkle Flosse zuckte in krampfhafter Anstrengung durch die Luft – dann
lag sie wieder reglos im Sand. Sam starrte den Wal an und rührte
sich nicht vom Fleck. Und auf einmal begriff er, dass das große Tier
Angst hatte, dass es seinen schweren Körper vom kratzenden Sand heben,
50 dass es frei sein wollte.
Er musterte die blendend weißen Zähne. Diese Zähne, stellte Sam sich vor,
die würden den Tintenfischen Angst einjagen tief unten im dunklen Meer.
Vorsichtig näherte er sich wieder dem Wal und sah in das große ruhige Auge.

Es war ein dunkles, geheimnisvolles Auge. Das andere, überlegte Sam, war
55 eingeklemmt, vom eigenen Gewicht des Tieres auf den Sand gepresst.
Der Wal lag ganz regungslos da, kleine Wasserpfützen umspülten ihn.
Der glatte runde Rücken war schutzlos der Sonne ausgesetzt.
Du bist in Schwierigkeiten, dachte Sam.
Dann erinnerte er sich an die toten Wale, die er im vergangenen Herbst
60 an der Nordküste gesehen hatte. Tellergroße Blasen waren auf ihren Rücken
zu sehen gewesen.
Er sah zur Sonne hinauf, die allmählich am Himmel höher kletterte.
Sein Mund war ganz ausgetrocknet. Auch er verspürte schon Durst.
Mit aneinandergelegten Händen schöpfte er Wasser und ließ es über den
65 Walkörper tröpfeln. Das Zucken einer Flosse antwortete auf das kühle Nass.
Die feuchte Haut glänzte in der Sonne. Sie war glatt und sauber. Keine Spur
von Krankheiten oder Verletzungen.
Sam ging um den Körper herum und besah sich den bleichen Bauch.
Auch hier war keine Wunde zu sehen. Er ging zum Auge zurück
70 und goss vorsichtig Wasser darüber.
„Komm … das wird dir guttun", sagte er beruhigend. Seine Schulter tat
weh und die Arme wurden ihm schon lahm vom vielen Wasserschöpfen.
Und das Wasser verdunstete so schnell.
Er riss eine Handvoll Seetang aus und breitete ihn über den Rücken des
75 Wals. Immerhin wurden so ein paar Stellen der Haut vor der brennenden
Sonne geschützt. Sam machte sich daran, ganze Arme voll grüngoldenem
Seetang zu sammeln. Schon bald umgab ihn ein beißender Geruch. Wolken
winziger Insekten umschwärmten sein Gesicht.
Das große ruhige Walauge lugte durch den feuchten Seetang, während
80 der Junge den wirren Vorhang aus Grünzeug über das Tier häufte. Als er
endlich fertig war, ließ er sich erschöpft am Rand der Brandung nieder.

Katherine Scholes

🌈 Betrachte die Illustration auf Seite 89.
Schreibe in eine Denkblase, was Sam oder der Wal
denken könnte. Ordne sie zu.

🌈 Lies den gesamten Abschnitt auf Seite 89
oder wähle einen anderen Abschnitt aus.
Übe den Text so zu lesen, dass du beim Vortragen
Sams Gefühle ausdrückst.

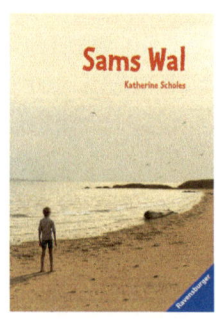

○ bei der Beschäftigung mit literarischen Texten Sensibilität und Verständnis
für Gedanken und Gefühle und zwischenmenschliche Beziehungen zeigen
○ selbst gewählte Texte zum Vorlesen vorbereiten und sinngestaltend vorlesen

Gefahren für Wale

1

Fischernetze
Ein Wal ertrinkt, wenn er sich in einem Fischernetz verfängt. Auf der Welt sterben etwa 300 000 Wale jährlich in Fischernetzen.

2

Unterwasserlärm

Schiffe mit ihren Motoren und Schiffsschrauben, Jetski und dröhnende Maschinen – der Mensch macht auch unter Wasser und rund um die Uhr Lärm. Für Delfine und Wale mit ihrem empfindlichen Gehör ist dieser Lärmstress eine tödliche Gefahr. Der Unterwasserlärm macht die Tiere krank! Walforscher glauben, dass es einen Zusammenhang gibt zwischen Walstrandungen und den Ortungssystemen der Militär-U-Boote.

Manfred Baur

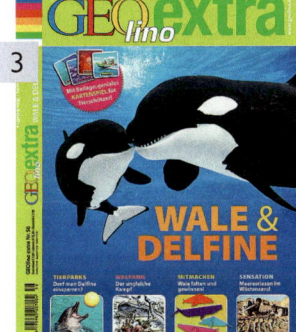

3

Warum Meeresriesen stranden
Jahr für Jahr spülen unsere Ozeane Tausende Wale an Strände auf der ganzen Welt. Kleinere Wale erleiden ohne das kühlende Nass schnell einen Hitzschlag. Bei größeren Arten drückt das Körpergewicht die Lungen zusammen, Rippen brechen. Wissenschaftler vermuten, dass Krankheiten die Tiere so sehr schwächen könnten, dass sie an Land geschwemmt werden. Vielleicht verlieren sie aber auch die Orientierung. Zahnwale nutzen eigentlich ein ausgefeiltes Echo-Ortungssystem. Das aber versagt, wenn es unter Wasser zu laut wird.

Simone Müller

4

KIDS. *GREENPEACE*   ANMELDEN Newsletter

GREENPEACE   NACHRICHTEN   THEMEN   MITMACHEN   VIDEOS

Schmutzige und laute Ozeane
Schon seit einigen Jahren schlagen Wissenschaftler Alarm, weil unsere Meere immer mehr zur Müllkippe verkommen. Chemieabfälle, giftige Abwässer, Plastikmüll, versenkter Atommüll und Öl machen den Ozeanen und ihren Bewohnern zu schaffen: Zahnwale haben unter den Folgen zu leiden, weil sie am Ende der Nahrungskette stehen. Bartenwale nehmen aufgrund ihres Riesenappetits mit den vielen Tonnen Plankton auch die Giftlast ihrer Beutetiere auf. In ihrem Fettgewebe sammeln sich viele dieser Gifte an und verursachen Krankheiten.

● In welchem Text findest du etwas über die Gefahr, dass Wale sich vergiften?

● Welche anderen Gefahren drohen den Walen?
Ordne die Begriffe den Texten zu:
A an Land verenden   **B** ertrinken   **C** durch Krach erkranken

● Welche Gefahren gibt es noch für Wale?
Du kannst in Sachbüchern, in Zeitschriften oder im Internet nachlesen.

Sechsmal Wal-Wörter?

 zertanz  purgisnacht  ze

Ver  tung  nuss be  det

Wie oft steckt das Wort Wal im Text? 8x 9x 10x

Onkel Walter und Tante Wally laufen gern durch Wald und Flur. Gestern spazierten sie mit ihrem Dackel Waldemar eine Stunde lang durch unseren Eichenwald. Waldi schnupperte immer mit seiner Nase auf dem Waldboden entlang. Dort entdeckte er einen Bau der Waldameisen. Dabei bellte er sogar eine Waldmeisterpflanze an. Vor Schreck flog eine junge Schwalbe weg.

Treffen sich ein Walfisch
und ein Thunfisch.
Sagt der Walfisch:
„Was sollen wir tun, Fisch?"
Antwortet der Thunfisch:
„Du hast die Wahl, Fisch."

Was ist hier falsch?

Wie heißen die fünf Wale?

SCHWEINSWALORCAFINNWALGRÖNLANDWALBLAUWAL

1. Übung zum Aufbau der Sinnerwartung
2./4. Übung zur Segmentierung
3. Übung zum Überprüfen der Sinnerwartung

Lösungen S.196

Welche Antwort passt?

1 Wie werden die Schwanzflossen der Wale genannt?

A Flake
B Flike
C Fluke

2 Wovon ernähren sich die Bartenwale?

A von Pinguinen
B von Plankton
C von Robben

3 Wie heißt die Speckschicht unter der Haut, welche die Wale vor Kälte schützt?

A Blubber
B Blas
C Barten

Sind Wale Fische?

Schule der Wale

Im Text sind drei Wörter zu viel.
Nacheinander gelesen ergeben sie einen Satz.

Die meisten Wale leben Wale oft in Gruppen, die auch Schulen genannt werden. In einer Schule schwimmen und jagen sind die Tiere gemeinsam. Sie helfen bei der Betreuung der Jungtiere Säugetiere oder den kranken und verletzten Mitgliedern der Schule.

Wahr oder nicht wahr?

Blaue Milch

„Trinkt brav eure Milch", sagt Käpt'n Blaubär zu seinen Enkeln, „damit ihr groß und blau werdet wie ich. Dabei ist die Milch ja weiß. Klar, Kuhmilch ist weiß. Aber es gibt auch Säugetiere, die geben blaue Milch. Der Blauwal zum Beispiel, der gibt dunkelblaue Milch, darum heißt er ja auch Blauwal."

Marianne und Bernd Flessner

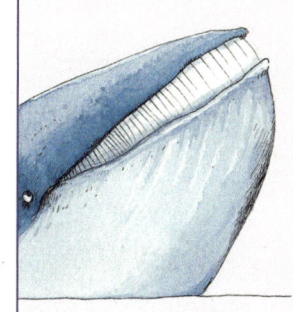

Glück

„Ich wär so gern klein und schmal",
sagt Willi, der Wal.

„Und ich wär gern groß und schwer",
sagt ein Fisch aus dem Gegenverkehr.

„Ach", sagt Willi, „das kannst du vergessen.
Wer so groß ist, muss immerzu fressen!"

„Und wer so klein ist", sagt der Fisch,
„der landet leicht im Netz und auf dem Tisch."

So reden sie noch eine ganze Weile,
dann schwimmen sie weiter, ohne Eile.
„Zum Glück bin ich nicht klein und schmal",
denkt Willi, der Wal.

„Zum Glück bin ich nicht groß und schwer",
denkt der Fisch aus dem Gegenverkehr ...

Heinz Janisch

● Übe mit einem Partnerkind, den Text flüssig vorzulesen.

● Erkläre das Wort **Gegenverkehr**.
Schreibe die Erklärung auf oder fertige eine Zeichnung an.

○ altersgemäße Texte sinnverstehend lesen – **Basis**
○ bei Verständnisschwierigkeiten Verstehenshilfen anwenden:
nachfragen, Wörter nachschlagen, Text zerlegen

Walgeschichte

Es war einmal ein Wal.
Ausgerechnet ein Wal?
Ja. Auch ein Löwe war einmal, gewiss,
ein Fuchs, ein Esel, ein Wolf, sogar
mehrere Wölfe, ein ganzes Rudel.
Fast alles war einmal.
Oder auch mehrmals!
Ja. Aber einmal, da war es eben ein
Wal, ein Buckelwal, ein alter Buckelwal.
Ein einziger?
Einer, ja. Es gab auch andere, aber
dieses eine Mal, da war es einer.
Und was ist mit ihm?
Er sang.
Das hab ich mir gedacht: Er sang!
Ja, das tat er! Er schwamm im Meer und sang.
Und?
Und schwamm und schwamm und
sang. Das war's. – Und wie er sang!
Wie denn?
Lang und schön.
Du hast ihn gehört?
Nur die Geschichte. Es sei einmal ein
alter Buckelwal gewesen, habe ich
gehört, der schwamm und sang. Und
sein Gesang sei so –
Was?
Lang und schön gewesen.

Jürg Schubiger

🔴 Übe mit einem Partnerkind, den Text flüssig vorzulesen.

🔴 Im Text wird an mehreren Stellen etwas aufgezählt.
Suche solch eine Textstelle aus und lies sie vor.
Welche Wirkung hat die Textstelle?
Tausche dich mit deinem Partnerkind darüber aus.

○ altersgemäße Texte sinnverstehend lesen – **Erweiterung**
○ eigene Gedanken zu Texten entwickeln, zu Texten Stellung nehmen
und mit anderen über Texte sprechen

95

Wale aus Papier

DER BLAUWAL

Walart: Barten-
wal

Länge: 20-30 m

Gewicht: bis 200
Tonnen

Art: Säugetier

Nahrung: Krill
(Krebse),
Plankton

Lebensraum: Ozean

Besonderheiten:
- größtes Säugetier
der Erde
- ist vom Aus-
sterben bedroht

+ Schwertwal
(Orca)
Walart:
Länge:
Gewicht:
Höhe der
Rückenflosse:
Nahrung:

⭐ Gestalte einen Wal aus Papier: z.B. ein Wal-Faltbuch
mit interessanten Informationen oder ein Wal-Bild aus Worten.
Oder:
Suche Informationen über Wale in Sachbüchern, Zeitschriften
oder im Internet.

Kreuz und quer durch unser Land

Schreib

Schreib
das Wort Gipfel
auf ein Blatt Papier,
leg es
in die Zimmermitte,
stell dich drauf
und schließ
die Augen.

Walle Sayer

Schwerpunkt-Bildungsstandards in diesem Kapitel:
- verschiedene Sorten von Sach- und Gebrauchstexten kennen
- Unterschiede und Gemeinsamkeiten von Texten finden

97

Das solltest du über Diagramme wissen

Schritt 1: verschiedene Arten von Diagrammen kennen

Kreisdiagramm

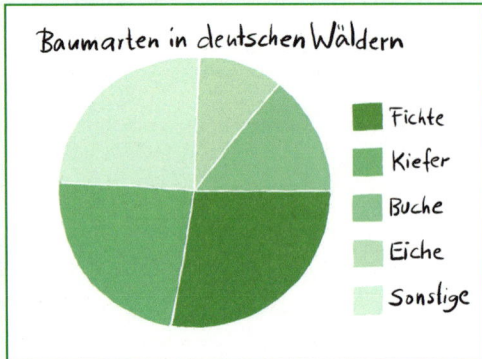

Schaubild

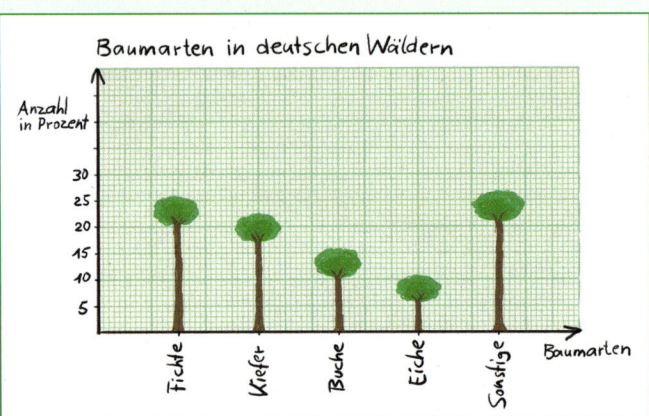

Säulendiagramm

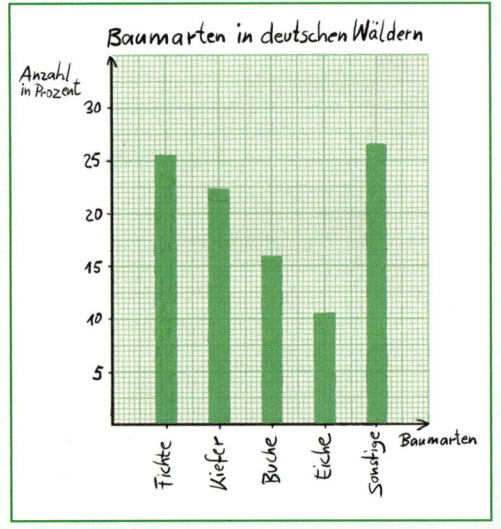

Schritt 2: Informationen in einem Diagramm ermitteln

- Benenne die **Art** des Diagramms.
- Finde das **Thema** des Diagramms heraus.
  Orientiere dich an der Überschrift oder der Legende.
- Beschreibe den **Aufbau**:
  – Aus welchen Teilen besteht das Diagramm?
  – Was bedeuten die Teile?
  – Wie hängen sie zusammen?
- Vergleiche die **Angaben** im Diagramm.
  Formuliere dazu Aussagen.

16 Bundesländer – das ist Deutschland

Die **Bundesrepublik Deutschland** besteht seit dem Beitritt der ehemaligen DDR im Jahr 1990 aus 16 **Bundesländern**. Seitdem gibt es einen gesamtdeutschen Staat wie vor der Teilung Deutschlands.

Die Größe und die Einwohnerzahl der einzelnen Bundesländer unterscheiden sich sehr voneinander: In Nordrhein-Westfalen gibt es die meisten Einwohner, das Saarland ist eines der kleinsten Bundesländer, und die wenigsten Einwohner leben in Bremen.

Bremen, Hamburg und die Hauptstadt Berlin sind **Stadtstaaten**, das heißt, sie sind Bundesländer, die nur aus einer einzigen Stadt bestehen.

Einwohner der Bundesländer in Deutschland

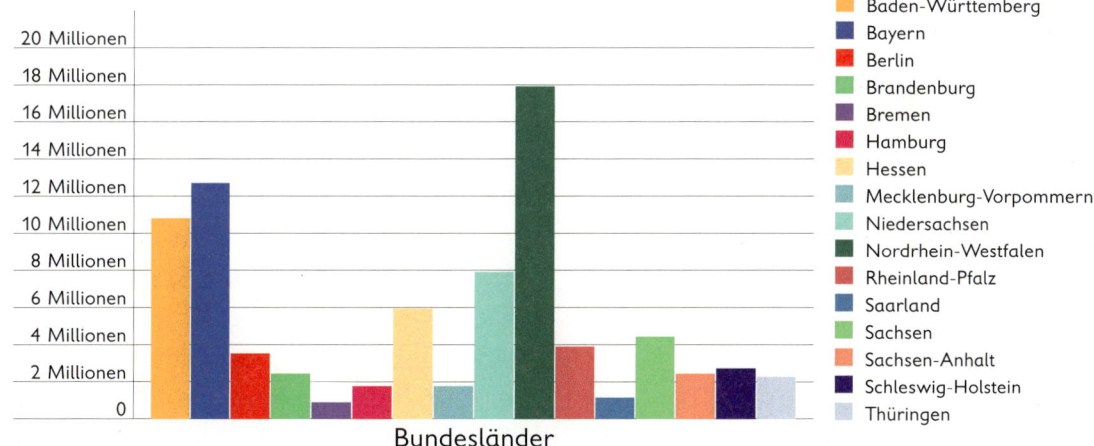

- Benenne die Art des Diagramms.
  Um welches Thema geht es?

- Finde den höchsten und den niedrigsten Wert im Diagramm.
  Formuliere eine Aussage.

Sehenswürdiges

A

B

C

1 Thüringen

Die Wartburg wurde zum ersten Mal um 1080 auf einem Bergfelsen oberhalb der Stadt Eisenach errichtet. Von 1211 bis 1227 lebte hier die Heilige Elisabeth. Auch Martin Luther lebte von 1521 bis 1522 auf der Burg und übersetzte dort einen Teil der Bibel ins Deutsche. Die Wartburg ist eine der meistbesuchten Burgen in Deutschland.

2 Bayern

Mit 2962 Metern ist die Zugspitze Deutschlands höchster Berg. Jährlich besuchen rund eine halbe Million Gäste die Zugspitze mit der Zugspitzbahn. Auf dem Gipfel hat man bei schönem Wetter einen beeindruckenden Blick über die Bergwelt der Alpen. Bei guter Sicht kann man bis nach Italien blicken.

3 Nordrhein-Westfalen

Der Kölner Dom ist etwa 770 Jahre alt und immer noch ein beliebtes Reiseziel für Touristen in Deutschland. Die Kirche hat zwei hohe Türme und sehr viele schöne Glasfenster. Die beiden Türme sind 157 m hoch und man kann über

533 Stufen bis zu den Spitzen hinaufklettern. Wenn ihr einmal da seid, könnt ihr ja nachzählen!

4 Freie Hansestadt Bremen

Haben die Bremer Stadtmusikanten eigentlich jemals die Stadt Bremen erreicht? Wenn du es nicht weißt, dann lies im Märchen nach. Jedenfalls ist den Stadtmusikanten neben dem Rathaus in Bremen ein schönes Denkmal errichtet worden.

5 Mecklenburg-Vorpommern

Hiddensee ist eine kleine Insel in der Ostsee. Ihre Form ähnelt einem Seepferdchen. Die Insel ist rund 17 km lang. An der schmalsten Stelle ist sie nur 250 m breit.

Auf Hiddensee gibt es keinen Autoverkehr. Nur der Arzt, die Polizei, Feuerwehr und Post sowie der Schulbus haben eine Fahrgenehmigung. Alle anderen fahren Fahrrad oder benutzen Pferdefuhrwerke. Die Schule liegt nur wenige Schritte vom Strand entfernt. Deshalb können die Kinder im Sommer Sportunterricht am Strand machen.

Besucherzahlen der Sehenswürdigkeiten im Jahr

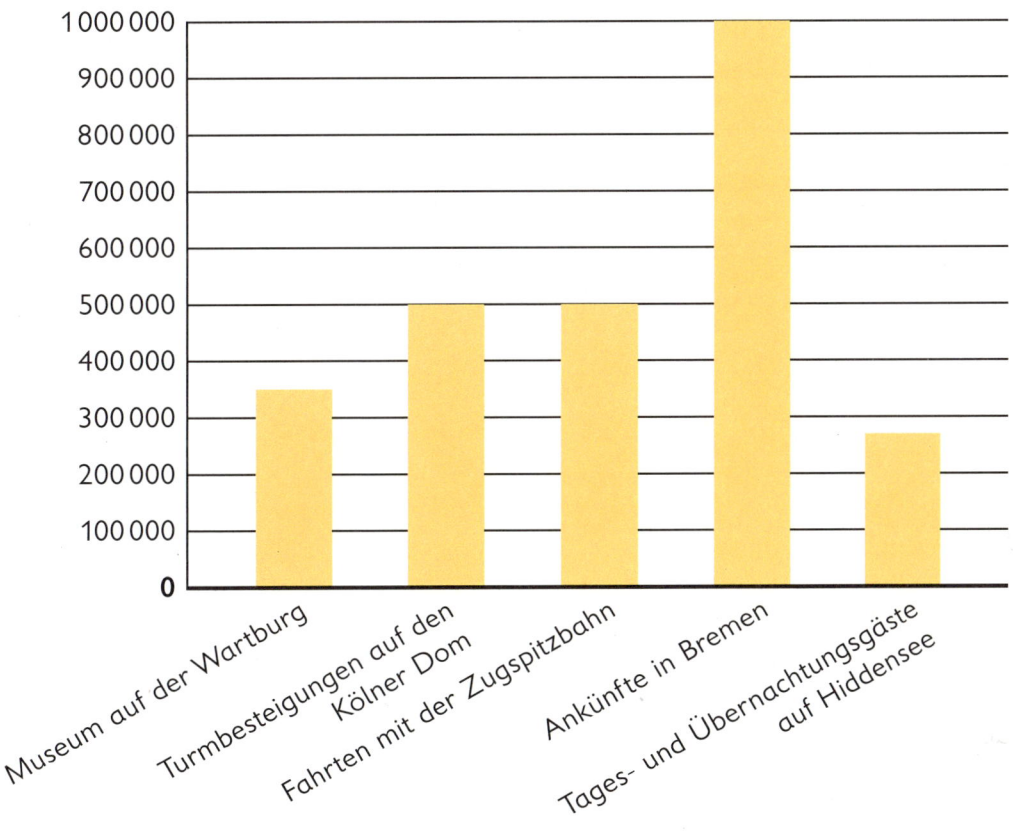

🔴 Lies die Texte genau. Ordne den Texten 1–5 die passenden Bilder A–E zu.

🔴 Was haben die Informationstexte und das Diagramm gemeinsam?

🌈 Welche Information aus dem Diagramm findest du besonders interessant?
Benenne die Art des Diagramms. Orientiere dich dabei an Schritt 1 auf Seite 98.

Sagenhaftes

Das Pagenbett auf dem Königstein

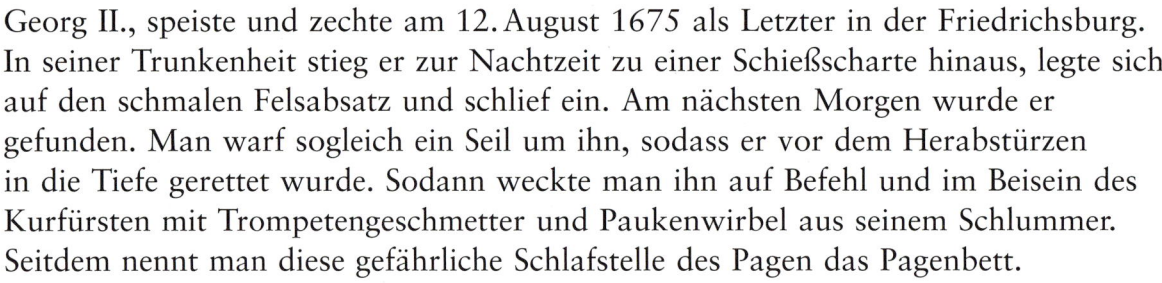

Auf der weltberühmten Festung Königstein befindet sich hinter der Friedrichsburg das sogenannte Pagenbett*. So benennt man ein schmales, kaum eine Elle breites Gesims der äußeren Festungsmauer. Warum hat diese Stelle einen solchen Namen? Karl Heinrich von Grunau, Leibpage des auf der Festung weilenden Kurfürsten Johann Georg II., speiste und zechte am 12. August 1675 als Letzter in der Friedrichsburg. In seiner Trunkenheit stieg er zur Nachtzeit zu einer Schießscharte hinaus, legte sich auf den schmalen Felsabsatz und schlief ein. Am nächsten Morgen wurde er gefunden. Man warf sogleich ein Seil um ihn, sodass er vor dem Herabstürzen in die Tiefe gerettet wurde. Sodann weckte man ihn auf Befehl und im Beisein des Kurfürsten mit Trompetengeschmetter und Paukenwirbel aus seinem Schlummer. Seitdem nennt man diese gefährliche Schlafstelle des Pagen das Pagenbett.

Sage aus Sachsen

Die Sage von der Rosstrappe

Der gewalttätige Riese Bodo hatte das Fräulein Emma geraubt und wollte es zur Heirat zwingen. Emma hoffte nun, dass ihr Verlobter sie befreien würde. Eines Tages, als Bodo unter einem Baum schlief, trat Emmas Verlobter aus dem Gebüsch. Er befreite seine Geliebte, und sie flohen mit dem Pferd des Riesen. Als sie davongaloppierten, erwachte der Riese, sprang auf und lief wutheulend hinter den Fliehenden her. Die beiden flüchteten in den Harz, konnten aber immer noch den Riesen hinter sich hören. So ging es über Berge und Täler, bis sie plötzlich auf dem Hexentanzplatz nicht weiterkonnten; vor sich die breite Schlucht mit dem rauschenden Strom in der Tiefe, hinter sich das Wüten des Verfolgers. Da trieben Emma und ihr Verlobter das Ross des Riesen an. Das Tier wagte den Sprung und erreichte den gegenüberliegenden Felsen. Den Huf hatte es fußtief in die Klippe gedrückt. Das ist die Rosstrappe. Bodo versuchte, sinnlos vor Wut, den gleichen Sprung zu tun, aber er stürzte in den Fluss, der seitdem Bode genannt wird.

Sage aus Sachsen-Anhalt

*Page = Diener

Der Rattenfänger von Hameln

Im Jahr 1284 soll sich in der Stadt Hameln Folgendes zugetragen haben: Die Einwohner hatten schwer mit einer Rattenplage zu kämpfen. Da kam ein unbekannter Mann in die Stadt und versprach, gegen Lohn die Stadt von der Plage zu befreien. Er pfiff auf einem Pfeifchen, und sogleich kamen aus allen Häusern sämt- liche Ratten hervorgekrochen. Sie sammel- ten sich um den Rattenfänger und folgten ihm an die Weser, stürzten hinein in den Fluss und ertranken. Als der Rattenfänger nach getaner Arbeit seinen Lohn verlangte, verweigerten ihm diesen aber die Bürger, und er verließ verbittert und zornig die Stadt. Doch alsbald erschien er wieder und ließ seine Pfeife in den Gassen hören. Doch dieses Mal folgten ihm nicht Ratten, sondern alle Kinder der Stadt. Der Rattenfänger führte sie hinaus vor die Stadt in einen Berg, und dort verschwand er mit ihnen für immer.

Sage aus Niedersachsen

Wie der Spreewald entstand

Der Teufel pflügte mit seinem Gespann in der Eiszeit das Bett der Spree. Doch nach einem Gutteil der Strecke machten die Ochsen schlapp und lagen müde in den Riemen. Der Mann mit dem Pferdefuß*warf wütend die Mütze nach den Tieren und zischte: „Euch soll meine Großmutter holen!"
Das giftige Fauchen schreckte die Ochsen auf. Sie ergriffen die Flucht und zogen dabei den Pflug die Kreuz und die Quer hinter sich her. – So entstand das Netz der 330 großen und kleinen Wasserarme, der Spreewald.

Sage aus Brandenburg, erzählt von Karl-Heinz Klaue

*Teufel

● Was haben die Texte gemeinsam? Was unterscheidet sie?

● Lies im Glossar nach, was eine Sage ist.

● Erkläre an einem der Texte, warum es sich dabei um eine Sage handelt.

◗ Unterschiede und Gemeinsamkeiten von Texten finden
◗ bei Verständnisschwierigkeiten Verstehenshilfen anwenden: nachfragen, Wörter nachschlagen, Text zerlegen
◗ Erzähltexte, lyrische Texte, szenische Texte kennen und unterscheiden   AH S.29   103

Kiek mal, Berlin!

Hauptstadt Deutschlands

Berlin ist die größte Stadt Deutschlands und seit 1991 wieder die Hauptstadt. Das Brandenburger Tor ist das einzige erhaltene Stadttor Berlins. Früher war es Teil der Grenze, die Berlin in Ost und West teilte. Seit dem Mauerfall ist das Tor das Symbol für die Einheit Deutschlands.

Das Brandenburger Tor

Kinderkarneval der Kulturen 2014

Ganz schön bunt hier

In Berlin leben Menschen aus über 180 Ländern der Erde. Sie kommen aus allen Teilen der Welt. Einmal im Jahr gibt es ein großes Fest: den Karneval der Kulturen. Bei dem Umzug zeigen Menschen aus vielen Ländern, wie bei ihnen gefeiert, getanzt und gesungen wird. Berlin wird auch gern als „Weltstadt" bezeichnet.

Gute Aussicht

Der Fernsehturm ist Berlins höchstes Bauwerk. Bis zur Antennenspitze misst er 368 m. In seine silberne Kugel gelangt man mit dem Aufzug. Man kann die Aussichtsplattform oder das Restaurant besuchen. Das Restaurant dreht sich in einer Stunde einmal um sich selbst. Hier hat man bei gutem Wetter die beste Aussicht auf Berlin.

Der Berliner Bär

Da tanzt der Bär!

Das Wahrzeichen von Berlin, den Berliner Bären, gibt es schon seit über 700 Jahren. Die erhobene Tatze steht für die Selbstständigkeit Berlins. Mittlerweile findet sich der Bär an jeder Ecke: als bunte Plastik oder Wetterfahne, an Häusern oder Brunnen. Weil in Berlin immer viel los ist, sagt man auch: „Da tanzt der Bär!".

Der Fernsehturm

 Welche Information ist für dich besonders interessant? Tausche dich mit einem Partnerkind darüber aus.

○ eigene Gedanken zu Texten entwickeln, zu Texten Stellung nehmen und mit anderen über Texte sprechen **AH** S. 28

Berlins grünes Herz – der Tiergarten

Berlin bietet als Hauptstadt außer vielen Sehenswürdigkeiten auch Platz für Erholung. Ein beliebtes Erholungs- und Ausflugsziel für die Berliner und die Gäste der Stadt ist der Große Tiergarten. Er liegt mitten in der Stadt und ist die älteste und bedeutendste Parkanlage Berlins. Von hier aus sind es nur wenige Schritte zum Parlaments- und Regierungsviertel. Früher wurde im Tiergarten sogar gejagt.

Der Berliner Tiergarten

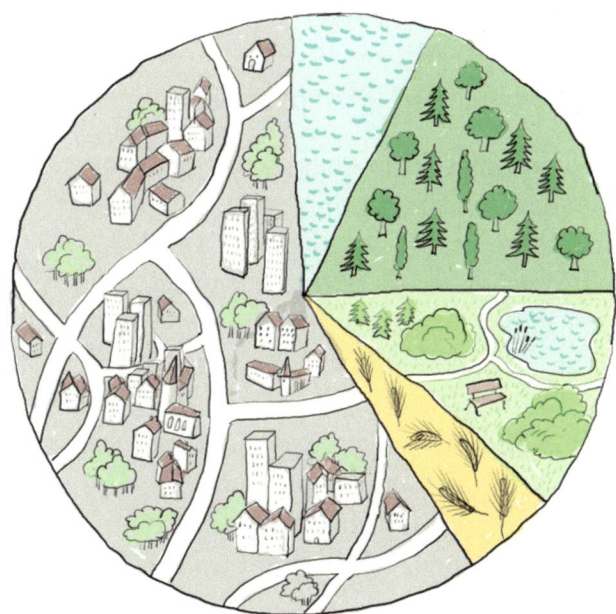

Wohnflächen und Grünflächen in Berlin

der Tiergarten ist
mit Schwänen familiär
den Kaninchen klopft er
kameradschaftlich auf die Schultern
sein Verhältnis zu den Enten
ist freundschaftlich
im Winter lässt er seine kalte Nase
zwischen ihren Flügeln warm werden
die Ortskundigen
die Ortsfremden
sind ihm willkommen
im Sommer schiebt er sogar
einen Karren mit Rosen
in ihr Gedächtnis

Aldona Gustas

● Was unterscheidet die Texte auf dieser Seite?
Was haben sie gemeinsam?

● Warum wird Deutschlands Hauptstadt auch grünes Berlin genannt?

● Bildet kleine Gruppen. Sucht weitere Informationen über Berlin im Internet.
Stellt die Informationen in der Klasse vor.

❍ Unterschiede und Gemeinsamkeiten von Texten finden; ❍ zentrale Aussagen eines Textes erfassen und wiedergeben; ❍ Angebote in Zeitungen und Zeitschriften, in Hörfunk und Fernsehen, auf Ton- und Bildträgern sowie im Netz kennen, nutzen und begründet auswählen

105

Magazinseiten

Berühmte Deutsche

Martin Luther, Angela Merkel,
Albert Einstein, Cornelia Funke,
Johann Sebastian Bach,
Johann Wolfgang von Goethe,
Karl May, Manuel Neuer

A
Alex
Alexander
Alexanderplatz
Alexanderplatzhochhaus
Alexanderplatzhochhausspatz
Alexanderplatzhochhausspatzen
Alexanderplatzhochhausspatzenfamilie
Alexanderplatzhochhausspatzenfamiliennest
Alexanderplatzhochhausspatzenfamiliennestkinder

Die Alexanderplatzhochhausspatzenfamiliennestkinder sagen tschiep. Das war die letzte Steigerung, die blieb.

Reinhard Gundelach

Berlinerisch

„Haben Sie deutsche Äpfel?" –
„Wollen Se mit die Äppel reden,
oder wollen Se se essen?"

Vineta, de Stadt up 'n Meeresgrund … auf Plattdeutsch

Irgendwo bi Usedom vör de Ostseeküst gäw dat vör lange Tieden de grote Stadt Vineta. Dat wier 'ne rieke un schöne Stadt, wo allst von Gold un Sülwer glänzt hett. Awer de Minschen wiern hochmütig un verswennerisch. Ehre Hunn'n un Katten läten se ut gollen Schötteln fräten, ehre Pierd hebben se mit sülwern Haufiesens beslagen, un 'n Lock in 'de Huuswand würd mit Brod tostoppt. Oewer Armut hebben se lacht, un keem ees een Beddelmann in ehre Stadt, würd he afwiest un verspott't. Vonwägen ehre Gottlosigkeit wull de Meeresgott Poseidon de Börgers von Vineta bestrapen. He hett ehr warnt, awer se hürten nich up em.

Dor lät he eenes Dags de Gewalten losbräken: Een förchterlicher Storm wöhlte de Ostsee up, un de Flot slög oewer de Stadt herin, so dat se all versupen müssten un nix von all de Pracht oewrig bleew. Vineta is ünnergahn. Bi stille See un Sünnenschien kannst du Vineta up'n Grund liggen seihn. Orrer du kannst hürn, dat de Karkenglocken lüden …

Sage aus Mecklenburg-Vorpommern

1./4. Übung zum Aufbau der Sinnerwartung
2. Übung zur Segmentierung
3. Übung zum Überprüfen der Sinnerwartung

106

Lösungen S.196

Bayerisch – Hochdeutsch: Was passt zueinander?

F 1 Hoosd mii?

E 2 Oachkatzlschwoaf

B 3 Schweinshaxn

A 4 Zuagroassda

G 5 Do leggsd di nieda!

D 6 Schbofakkl

C 7 Bassd schoo!

A Zugereister (jemand, der nicht aus Bayern kommt)

B Schweinebein (Eisbein)

C Stimmt schon! (Ist schon in Ordnung!)

D Spanferkel

E Schwanz eines Eichhörnchens

F Hast du mich verstanden? (Kapiert?)

G Davon fällst du um! (Das hältst du nicht aus!)

In Brandenburg und in Sachsen leben viele **Sorben**. In diesen Regionen gibt es zweisprachige Ortsschilder. Welche Ortsnamen gehören zusammen?

Vetschau

Trebendorf

Spreetal

Neustadt

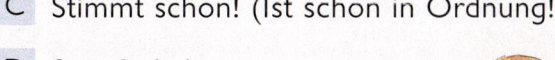
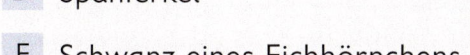

Vetschau
Wětešow
Oberspreewald-Lausitz

Nowe Mêsto

Wětošow

Trjebin

Šprjwiny Doł

Wenn ein Kind aus dem **Saarland** sagt:
„Dabberdummeldisch! Dahemm gifdet heit Grumbeerkieschelscher!",
dann meint es:

„Beeil dich! Zu Hause gibt es heute Kartoffelpuffer!"

Sächsische **Wörter**

Laadschen
Mudschegiebschn
Rämmfdl
Bemme
Fliescher
Rennsämmeln
Griebsch

Brich dir mal die Zunge

In Ulm, um Ulm und um Ulm herum.

Wenn Hessen in Essen Essen essen, essen Hessen Essen in Essen.

Der Schneider von Ulm

Bischof, ich kann fliegen
Sagte der Schneider zum Bischof.
Paß auf, wie ich's mach!
Und er stieg mit so'nen Dingen
Die aussahn wie Schwingen
Auf das große, große Kirchendach.

Der Bischof ging weiter.
Das sind lauter so Lügen
Der Mensch ist kein Vogel
Es wird nie ein Mensch fliegen
Sagte der Bischof vom Scheider

Der Schneider ist verschieden*
Sagten die Leute dem Bischof.
Es war eine Hatz.
Seine Flügel sind zerspellet
Und er liegt zerschellet
Auf dem harten, harten Kirchenplatz.

Die Glocken sollen läuten
Es waren nichts als Lügen
Der Mensch ist kein Vogel
Es wird nie ein Mensch fliegen
Sagte der Bischof den Leuten.

Bertolt Brecht**

*gestorben
**Dieser Text verwendet die bis 1998 gültige,
heute überholte Rechtschreibung und
Zeichensetzung.

🔴 Übe mit einem Partnerkind, den Text flüssig vorzulesen.

🔴 Ist es dem Schneider von Ulm wirklich so ergangen?
Suche nach entsprechenden Informationen.

🌈 Im Gedicht sagt der Bischof: **Es wird nie ein Mensch fliegen.**
Was meinst du? Tausche dich mit deinem Partnerkind dazu aus.

- altersgemäße Texte sinnverstehend lesen – **Basis**
- Informationen in Druck- und – wenn vorhanden – elektronischen Medien suchen
- eigene Gedanken zu Texten entwickeln, zu Texten Stellung nehmen und mit anderen über Texte sprechen

Die Heinzelmännchen von Köln

Wie war zu Köln es doch vordem
mit Heinzelmännchen so bequem!
Denn war man faul, man legte sich
hin auf die Bank und pflegte sich.
Da kamen bei Nacht,
eh' man's gedacht,
die Männlein und schwärmten
und klappten und lärmten
und rupften und zupften
und hüpften und trabten
und putzten und schabten.
Und eh' ein Faulpelz noch erwacht,
war all sein Tagwerk bereits
    gemacht.

Die Zimmerleute streckten sich
hin auf die Spän' und reckten sich;
indessen kam die Geisterschar
und sah, was da zu zimmern war,
nahm Meißel und Beil
und die Säg' in Eil'.
Sie sägten und stachen
und hieben und brachen,
berappten und kappten,
visierten wie Falken
und setzten die Balken. –
Eh' sich's der Zimmerman versah,
klapp, stand das ganze Haus schon
    fertig da!

Neugierig war des Schneiders Weib
und macht sich diesen Zeitvertreib:
Streut Erbsen hin die andre Nacht.
Die Heinzelmännchen kommen sacht;
eins fährt nun aus,
schlägt hin im Haus,
die gleiten von Stufen
und plumpen in Kufen,
die fallen mit Schallen,
die lärmen und schreien
und vermaledeien.
Sie springt hinunter auf den Schall
mit Licht. Husch, husch,
husch husch! – verschwinden all.

O weh, nun sind alle fort
und keines ist mehr hier am Ort!
Man kann nicht mehr wie sonst ruhn,
man muss nun alles selber tun.
Ein jeder muss fein
selbst fleißig sein
und kratzen und schaben
und rennen und traben
und schniegeln und bügeln
und klopfen und hacken
und kochen und backen.
Ach, dass es noch wie damals wär'!
Doch kommt die schöne Zeit
nicht wieder her.

August Kopisch

🔴 Übe mit einem Partnerkind, den Text flüssig vorzulesen.

🔴 Schreibe Wörter heraus, die man heute kaum noch
gebraucht. Was bedeuten sie? Erkläre.

🌈 Suche Informationen zu den Heinzelmännchen von Köln.
Tausche dich mit deinem Partnerkind darüber aus.

◗ altersgemäße Texte sinnverstehend lesen – **Erweiterung**
◗ bei Verständnisschwierigkeiten Verstehenshilfen anwenden: nachfragen, Wörter nachschlagen, Text zerlegen
◗ eigene Gedanken zu Texten entwickeln, zu Texten Stellung nehmen und mit anderen über Texte sprechen

109

Rätsel über Deutschland

Es hat sechs Beine, kann aber nicht gehen.
Alle, die nach Berlin kommen, wollen es
unbedingt sehen. Am liebsten spazieren
sie dann zwischen seinen langen Beinen
hindurch.
Wie heißt das berühmte Bauwerk?

Vanessa

Es ist ein Schloss.
Es wird „Burg des Märchenkönigs" genannt.
Es steht in Bayern.
Im Namen kommt ein Vogel vor.
Wie heißt das Schloss?

Mirjam

Unsere Insel ist nur 17 km lang und an der
dünnsten Stelle 250 m breit. Ihre Form ähnelt
einem Seepferdchen. Auf dieser Insel gibt es
keinen Auto-Verkehr. Im Sommer können wir
Sportunterricht am Strand machen.

Ruben und Marie

Rätsel:
Es ist der höchste Berg
im Norden Deutschlands und liegt
in Sachsen-Anhalt. Auf seinen
Gipfel gelangt man zu Fuß oder
mit der Schmalspurbahn.
Im Volksmund wird der Berg
Blocksberg genannt.
Wie heißt der Berg wirklich?

Viele Grüße vom Brocken

 Denke dir zu deinem
Heimatort oder einem
Ausflugsziel ein Rätsel aus.
Oder:
Suche Deutschland-Rekorde
und erstelle daraus ein
Deutschland-Quiz.

Seltsames und Interessantes

Fisches Nachtgesang

—

◡ ◡

◡ ◡ ◡

◡ ◡ ◡

◡ ◡ ◡

◡ ◡ ◡

◡ ◡ ◡

◡ ◡

—

Christian Morgenstern

Schwerpunkt-Bildungsstandards in diesem Kapitel:
◗ zentrale Aussagen eines Textes erfassen und wiedergeben
◗ Erzähltexte, lyrische Texte, szenische Texte kennen und unterscheiden

111

So kannst du wichtige Aussagen in einem Text erfassen und wiedergeben

Tipp 1: passende Zwischenüberschriften formulieren

- Überlege, welche Überschriften zu den einzelnen Textabschnitten passen. Nutze auch die Bilder.
- Schreibe die Überschriften auf einzelne Papierstreifen.
- Lege die Streifen über die Abschnitte.
- Lies die Abschnitte und prüfe, ob die Überschriften passen.

> Der Vater reitet auf dem Esel.
>
> Ein Mann reitet auf einem Esel r
> Jungen zu Fuß nebenherlaufen. K
> „Das ist nicht recht, Vater, dass I

Tipp 2: wichtige Aussagen im Text oder die Botschaft finden

- Worum geht es im Text?
  Formuliere wichtige Aussagen mit eigenen Worten.
  Du kannst auch Textstellen benutzen.
  Überlege, ob du ähnliche Erfahrungen gemacht hast.
- Prüfe, ob am Ende des Textes eine Botschaft steht.
  Denke darüber nach, was der Autor mit dieser Botschaft meint.

Manchmal lässt sich die Botschaft nicht direkt im Text finden. Dann muss man kombinieren.

Ich denke, Johann Peter Hebel meint, dass …

Seltsamer Spazierritt

Ein Mann reitet auf einem Esel nach Hause und lässt seinen
Jungen zu Fuß nebenherlaufen. Kommt ein Wanderer und sagt:
„Das ist nicht recht, Vater, dass Ihr reitet und lasst Euren Sohn
laufen. Ihr habt stärkere Glieder."
5 Da stieg der Vater vom Esel herab und ließ den Sohn reiten.

Kommt wieder ein Wandersmann und sagt: „Das ist nicht
recht, Bursche, dass du reitest und lässt deinen Vater zu Fuß
gehen: Du hast jüngere Beine!"
Da saßen beide auf und ritten eine Strecke.

10 Kommt ein dritter Wandersmann und sagt: „Was für ein
Unverstand; zwei Kerle auf einem schwachen Tier!
Man sollte euch beide hinabjagen!"
Da stiegen beide ab und gingen zu dritt zu Fuß: rechts
der Vater, links der Sohn und in der Mitte der Esel.

15 Kommt ein vierter Wandersmann und sagt: „Ihr seid wunder-
liche Gesellen. Ist's nicht genug, wenn zwei zu Fuß gehen?
Geht's nicht leichter, wenn einer von euch reitet?" Da band
der Vater dem Esel die vorderen Beine zusammen, und der
Sohn band ihm die hinteren Beine zusammen; dann zogen sie
20 einen starken Baumpfahl durch und trugen den Esel auf der
Schulter heim. So weit kann's kommen, wenn man es allen
Leuten recht machen will.

Johann Peter Hebel

🌈 Finde die Botschaft im Text. Nutze dazu Tipp 2 auf Seite 112. 🍼
   Was meint der Autor damit?
   Tausche dich mit einem Partnerkind aus.

🔴 Betrachte die Illustration. Was fehlt?

Wie Till Eulenspiegel einem Esel das Lesen beibrachte

B

1   Manche Leute dachten tatsächlich, dass sie einem Mann wie Till Eulenspiegel gewachsen seien. Doch in der Regel behielt der Spaßvogel stets die Oberhand. Ein paar ganz Schlaue verlangten eines Tages von ihm, dass er einem Esel das Lesen beibringen solle. Natürlich nahm Till Eulenspiegel die Herausforderung an, sagte aber, dass er wohl rund 20 Jahre dafür brauchen würde. Das sahen die Leute, die ihm den Auftrag erteilt hatten, wohl ebenso. Und schnell war man sich einig darüber, was Till als Lohn bekommen solle. 500 Taler sogleich, 500 Taler, sobald der Esel lesen könne.

A

2   Von nun an übte Till jeden Tag mit dem Tier. Er legte dazu ein großes altes Buch in die Futterkrippe, zwischen dessen Seiten er jedes Mal etwas Hafer legte. Das hatte der Esel bald spitz und so lernte er tatsächlich, mit seinem Maul Blatt für Blatt umzublättern, sodass es für Außenstehende aussah, als würde er lesen.

D

3   Nach einer Woche Übung ließ Till Eulenspiegel seine Herausforderer im Stall antanzen. „Seht", sagte er zu ihnen, „was der Esel nur in sieben Tagen gelernt hat." Er legte das alte Buch in die Krippe, allerdings hatte er dieses Mal keinen Hafer zwischen den Seiten versteckt und zudem dem Esel einen ganzen Tag lang nichts zu fressen gegeben.

E

4   Das hungrige Tier stürzte sich auf das Buch, blätterte, so wie es gelernt hatte, die Seiten mit dem Maul um. Zwei, drei, doch als sich auch hinter der vierten Seite noch immer keine Belohnung versteckte, da wurde der Esel ungeduldig und rief so laut er konnte: „I-A. I-A."

C

5 Till Eulenspiegel sah die Männer an. „Seht ihn nun, zwei Buchstaben hat er bereits gelernt. Morgen beginne ich mit dem O und dem U." Als die Herausforderer diese Worte hörten, da wussten sie, dass auch sie nicht schlau genug für Till Eulenspiegel gewesen waren. Doch noch ehe sie ihn zur Rede stellen konnten, da war er wieder einmal verschwunden.

Neu erzählt von Martina Meier

> **Till Eulenspiegel**
> Die Geschichten über den Spaßvogel Till Eulenspiegel werden schon seit ungefähr 500 Jahren erzählt, obwohl man gar nicht weiß, ob es ihn wirklich gegeben hat. Der listige Kerl mit der Narrenkappe sagt in den Geschichten (fast) immer die Wahrheit, legt andere herein und nimmt das, was sie sagen, wörtlich. Sein Trick: Er nutzt es aus, wenn Menschen eitel, dumm oder abergläubisch sind.

● Lies den Schwank. Ordne den Abschnitten die passenden Überschriften zu:

  A Wie Eulenspiegel mit dem Esel übt

  B Wie Eulenspiegel eine schwierige Aufgabe bekommt

  C Wie Eulenspiegel zeigt, dass er klüger ist als die schlauen Männer

  D Wie Eulenspiegel das Vorlesen vorbereitet

  E Wie der Esel zwei Buchstaben liest

● Erkläre Eulenspiegels Trick. Lies im 2. und 3. Abschnitt nach.

Vom Ritter, der nicht aus seiner Rüstung herauswollte

Erzähler *In der Ritterzeit lebte einmal ein junger Ritter, der wollte nie seine Rüstung ablegen, nicht einmal den Helm, denn er wollte unverwundbar sein. Schließlich heiratete er ein gutes Ritterfräulein. Am Abend nach der Hochzeit erschien der Ritter im Schlafzimmer – in voller Rüstung.*

Braut (*entsetzt*) Willst du etwa mit der Rüstung ins Bett steigen?

Ritter Das bin ich so gewöhnt. Was stört dich daran?

Braut (*weinend*) Das Gequietsch der Scharniere die ganze Nacht! So kaltes Eisen neben mir – schon beim bloßen Gedanken daran wird mir kalt.
Bitte, leg doch wenigstens nachts diese alberne Rüstung ab, damit ich dich sehe – so, wie du bist, und deine Wärme fühle!

Ritter (*trotzig*) Die Rüstung bleibt an. Ich will weder tags noch nachts von Feinden überrascht werden.

Erzähler *Die Braut und der Ritter schlafen ein. In der Nacht wälzt er sich und stöhnt. Die Braut bemerkt, dass ihn Läuse und Flöhe quälen. Sie schlägt dem Ritter vor, am nächsten Tag gemeinsam im See schwimmen zu gehen. Er besteht allerdings darauf, auch beim Schwimmen seine Rüstung anzubehalten. Nach dem Bad setzt sich seine Braut neben ihn.*

Braut (*erwartungsvoll*) Wie fandest du das Bad?

Ritter Wunderbar, aber es hat mich müde gemacht.

Braut Nimm deinen Helm ab und leg deinen Kopf auf meinen Schoß. Ich werde dich lausen.

Erzähler *Der Ritter zögert.*

Braut Auf meinem Schoß kann kein Feind deinen Kopf überraschen.

Erzähler *Der Ritter nimmt den Helm ab und wird gelaust. Am Abend kann er seine Arme und Beine nicht mehr bewegen. Die Scharniere seiner Rüstung sind eingerostet.*

Ritter (*erschrocken*) Was ist das? Um Gottes willen!

Braut (*bedauernd*) Sei nicht traurig. Ich werde dich dein Leben lang pflegen, wenn du so unbeweglich liegen musst, du Armer. Ich werde dich füttern und rasieren. Ich werde dir vorsingen und erzählen, damit du dich nicht langweilst. Ich werde …

Ritter	Nein! Ich will nicht mein Leben lang unbeweglich liegen! Ich bin ein Ritter und will reiten, nicht in dieser Rüstung verfaulen! Ruf den Schmied her!
Braut	*(vergnügt)* Gern, mein Lieber.
Erzähler	*Der Schmied befreite den Ritter aus der Rüstung.*
Braut	Sieh mal an. Du bist ja gar nicht so dünn und schwächlich, wie ich vermutet hatte. Du hattest es doch gar nicht nötig, dich in eine Rüstung zu verkriechen. Hoffentlich hast du nicht verlernt, dich zu bewegen. Fang mich!
Erzähler	*Der Ritter und seine Braut spielen Fangen. Danach gehen sie noch einmal schwimmen.*
Braut	Na, wie fühlst du dich jetzt?
Ritter	Erlöst.

Gudrun Pausewang

Ballade vom schweren Leben des Ritters Kauz vom Rabensee

Es war ein alter Ritter,
Herr Kauz vom Rabensee.
Wenn er nicht schlief, dann stritt er.
Er hieß: der Eiserne.

Sein Mantel war aus Eisen,
Aus Eisen sein Habit.
Sein Schuh war auch aus Eisen.
Sein Schneider war der Schmied.

Ging er auf einer Brücke
Über den Rhein – pardauz!
Sie brach in tausend Stücke.
So schwer war der Herr Kauz.

Lehnt er an einer Brüstung,
Es macht sofort: pardauz!
So schwer war seine Rüstung.
So schwer war der Herr Kauz.

Und ging nach solchem Drama
Zu Bett er, müd wie Blei:
Sein eiserner Pyjama
Brach auch das Bett entzwei.

Der Winter kam mit Schnaufen,
Mit Kälte und mit Schnee.
Herr Kauz ging Schlittschuh laufen
Wohl auf dem Rabensee.

Er glitt noch eine Strecke
Aufs stille Eis hinaus.
Da brach er durch die Decke
Und in die Worte aus:

Potz Bomben und Gewitter,
Ich glaube, ich ersauf!
Dann gab der alte Ritter
Sein schweres Leben auf.

Peter Hacks

Bänkelsänger

🔴 Schlage die Begriffe <u>Ballade</u> und <u>Szene</u> im Glossar nach. Nenne jeweils zwei Merkmale zu den Textarten.

🔴 Ordne den Texten die Textarten Ballade und Szene zu. Begründe.

❍ bei Verstehensschwierigkeiten Verstehenshilfen anwenden: nachfragen, Wörter nachschlagen, Text zerlegen
❍ Erzähltexte, lyrische Texte, szenische Texte kennen und unterscheiden

117

Kannst du die Wörter lesen?

Ross   Burg   Bänkelsänger   Ritter

Roß, Burg, Bänkelsänger, Ritter

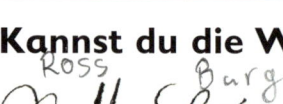

Was bedeuten die Redewendungen?

1   in der Tinte sitzen
B

2   aus einer Mücke einen
C   Elefanten machen

3   ins Fettnäpfchen treten
D

4   jemandem einen Bären
A   aufbinden

A   jemandem etwas Unwahres
so erzählen, dass er es glaubt

B   in eine missliche Lage geraten

C   etwas maßlos übertreiben

D   jemanden durch eine
unbedachte Bemerkung
kränken

Rätsel mit einem Fehler

Wegen seiner Gaunereien und Streiche
war er in Stadt und Land bekannt.
Er trug gewöhnlich Schollen an seiner
Mütze. Auf seinen Reisen arbeitete er
als Wachposten, Turmbläser, Lehrer
und Bäcker.

Till Eulenspiegel

Seltsame Orte

In der bimbambolischen Kirche
geht es bimbambolisch zu:
tanzt der bimbambolische Ochse
mit der bimbambolischen Kuh.
Und die bimbambolische Mutter
kocht den bimbambolischen Brei,
und die bimbambolischen Kinder
fassen mit den Fingern drein.

1./2. Übung zum Aufbau der Sinnerwartung
3. Übung zum Überprüfen der Sinnerwartung
4. Übung zur Segmentierung

Lösungen S.196

Tierisch witzig

'Waiter, waiter, there's a fly in my soup!'

'Don't worry, Sir, the spider in the salad will get it.'

Merkwürdige Tiere

¹GI ²TEL ³DRO

¹GÜR ⁶STA ⁷FE

³ME ⁴CHEL ⁶SCHWEIN

¹RAF ³DAR ²TIER

Zungenbrecher

Pferde mampfen dampfende Äpfel.
Dampfende Pferdeäpfel mampft niemand.

Es klapperten die Klapperschlangen,
bis ihre Klappern schlapper klangen.

Scherzfragen

Welcher Hahn
kräht nicht?

Welches Pferd
hängt dir ins Gesicht?

Welcher Hase
hat nur zwei Beine?

Wusstest du schon …

Unter den Reptilien gibt es Echsen
mit ganz besonderen Merkmalen.
Sie sehen seltsam aus wie die Drachen,
die wir aus Märchen kennen.
Die Bartagame beispielsweise
trägt um das Kinn eine Reihe spitzer Stacheln,
die wie ein Männerbart aussehen.
Bei Gefahr bläst sie diesen „Bart" auf,
um ihre Angreifer zu erschrecken.

Bärengeschichten

Krähe und Bär – Begegnung

Erzähler *Eine Krähe sitzt auf einem Zaun und sieht in das Gehege eines Bären. Es riecht gut und sieht gemütlich aus. Etwas klein. Zugegeben, etwas sehr klein. Aber das stört die Krähe nicht, denn der Duft der Bärenmahlzeit weckt Krähenträume.*

Krähe Kann ich was von deinem Fleisch haben?

Bär Was gibst du mir dafür?

Krähe Ich fliege in den Himmel und sage dir die Zukunft voraus.

Bär Gut. Flieg!

Erzähler *Die Krähe fliegt in den Himmel und hält Ausschau.*

Krähe Ich sehe eine Stadt voller Häuser. Ich sehe einen Fluss, der von Brücken zusammengehalten wird. Ich sehe Züge, die in alle Richtungen fahren, und Busse voller Menschen, die in den Zoo wollen, wahrscheinlich, um einen Bären zu sehen.

Bär Und sonst?

Krähe Sonst nichts.

Bär Siehst du einen Ausweg für mich?

Erzähler *Die Krähe sieht noch einmal gründlich nach.*

Krähe Nein. Ich sehe keinen Ausweg für dich.

Bär Gut.

Erzähler *Sagt der Bär und reißt ein Stück von seinem Fleisch ab. Er nimmt es in die Tatze und wirft es in die Luft, wo die Krähe es fängt und in ihrem Schnabel davonträgt.*

Krähe *(mit vollem Schnabel)* Danke!

Erzähler *Die Krähe ist weg. Der Bär ist allein.*

Bär Hättest du gelogen, hätte ich dir den Hals umgedreht. So aber hast du die Wahrheit gesagt und gegen die Wahrheit soll niemand böse sein.

Martin Baltscheit

Kurze Geschichte vom Ohbär – Faulpelz

„Oh", sagte der Ohbär, als er vor dem Faulpelz stand. Der Faulpelz sah gut aus. Er war dick und rund und wimms und wumms und zwei fröhliche Augen leuchteten aus zufriedenen Wangen. Einen so behaglichen Kerl, in so einem herrlichen Pelz, hatte der Ohbär schon lange nicht mehr gesehen: „Was muss ich tun, um so ein glücklicher Bär zu sein wie du?" – „Nichts!", sagte der Faulpelz.

Martin Baltscheit

Bärenweisheit – Krankenhaus

Im Krankenhaus wird man gesund,
der Bär muss nicht mehr klagen,
deshalb will er zum Krankenhaus
Gesundwerdhäuschen sagen.

Martin Baltscheit

🔴 Auf der Doppelseite findest du eine Erzählung, ein Gedicht und eine Szene. Schreibe die Begriffe auf Papierstreifen und lege sie neben die Texte. Begründe deine Entscheidung. Nutze das Glossar.

🔴 Suche die Botschaft im Text **Krähe und Bär**. Nutze Tipp 2 auf Seite 112.

🌈 Suche ein weiteres interessantes Wort für **Krankenhaus** oder denke dir eigene Wörter aus.

Interessante Essgewohnheiten

Die meisten Völker der Erde essen alle
möglichen Gliederfüßer. Wahrscheinlich
hast auch du schon mal Garnelen, Krabben
oder andere Schalentiere gegessen. Sie sind
sehr beliebt.

Viele Völker essen auch gebratene Insekten
und Spinnen. Da gibt es keinen großen
Unterschied.

Menschen essen Insekten und Spinnen,
weil sie den Geschmack lieben. Außerdem
sind diese Tiere eine gute Vitaminquelle.
Und es gibt sie überall!

Manche Insekten sind giftig. Hebe deshalb
kein totes Insekt auf und stecke es in den
Mund! Wähle die richtige Grille für einen
Snack.

In Kolumbien knabbern die Kinobesucher
geröstete Ameisen statt Popcorn.

An einigen Straßenständen in Thailand
werden gebratene Insekten in Beuteln
verkauft.

Caroline Bingham

🔴 Übe mit einem Partnerkind, den Text flüssig vorzulesen.

🌈 Welche Aussage findest du am interessantesten?

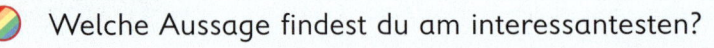
▸ altersgemäße Texte sinnverstehend lesen – **Basis**
▸ eigene Gedanken zu Texten entwickeln, zu Texten Stellung nehmen
und mit anderen über Texte sprechen

Echt seltsam: der Bombardierkäfer

Es handelt sich um ein Kriechtier. Ein Tierchen auf sechs dünnen Beinen. Du kannst es auf deine Hand setzen, aber selbst dann verschwindet es noch zwischen deinen Fingern. Das Käferchen ist nur einen Zentimeter groß, mehr nicht.
Aber aufgepasst. Was du da auf deiner Hand herumkrabbeln lässt, ist eine lebende Kanone.
Eine Kanone mit Bomben an Bord. Der Käfer feuert sie auf jeden ab, der allzu gierig in seine Richtung schaut. Vögel tun das gerne – gierig gucken. Und Kröten.

Die fressen Käfer samt Kopf und Panzer auf. Aber das sollten sie beim Bombardierkäfer lieber nicht versuchen. In seinem Hinterleib befindet sich nämlich eine Fabrik, die ein giftiges Gemisch herstellt.
Dieses Gemisch wartet friedlich in der Vorratskammer, einer Vorratskammer im Körper. Aber wehe, ein Feind kommt in die Nähe. Dann schickt der Bombardierkäfer das Gemisch sofort in die nächste Kammer seines Körpers, in die Explosionskammer.
An diesem lebensgefährlichen Ort beginnt das Gebräu zu kochen und zu dampfen. Der Bombardierkäfer dreht dem Feind sein Hinterteil zu, und PENG!, die glühend heiße und giftige Bombe knallt nach draußen, genau in die Augen des Feindes. Dieser kann auf einen Schlag nichts mehr sehen. Der Bombardierkäfer hat sich leer gefeuert. Und während der Feind noch versucht, seine Augen wieder zu öffnen, spaziert unser Käfer um die Ecke. Tralalalala.

Bibi Dumon Tak

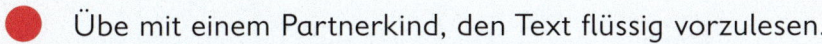
● Übe mit einem Partnerkind, den Text flüssig vorzulesen.

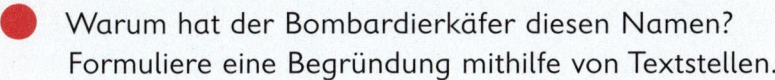
● Warum hat der Bombardierkäfer diesen Namen? Formuliere eine Begründung mithilfe von Textstellen.

Seltsame Tiere

Diese Tiere sind aus unterschiedlichen Tieren zusammengesetzt.

Der Pfeipard, erfunden von
Benjamin, Chen-Yu und Marie

Das Schamäwein, erfunden von
Clara, Ahmet und Luka

Neue Bildungen,
der Natur vorgeschlagen:

Der Ochsenspatz
Die Kamelente
Der Regenlöwe
Die Turtelunke
Die Schoßeule
Der Walfischvogel
Die Quallenwanze
Der Gürtelstier
Der Pfauenochs
Der Werfuchs
Die Tagtigall
Der Sägeschwan
Der Süßwassermops.

Christian Morgenstern

So müsst ihr euer Blatt vorbereiten:

3 cm
7 cm
10,5 cm

 Spiele das Tier-Erfinde-Spiel
mit deiner Klasse.
Oder:
Schreibe das Gedicht von
Christian Morgenstern weiter.

Kopf   Vorderteil   Hinterteil

Im Frühling

Ich und die Buchen
mitten im Sternenhimmel
der Buschwindröschen.

Josef Guggenmos

So kannst du Texte ganz genau lesen

Du kannst auch eine Folie nutzen.

Schritt 1: die Überschrift genau lesen

Lies die Überschrift. Betrachte die Bilder.
Worum wird es im Text gehen?

Schritt 2: den Text genau lesen und Randnotizen machen

Falte einen Papierstreifen und lege ihn
um den äußeren Rand der Seite.
Lies jeden Abschnitt des Textes genau.
Mache Notizen auf deinem Papierstreifen.

- Setze **Häkchen** neben Textstellen,
  die du verstanden hast.
- Setze **Fragezeichen** neben Textstellen,
  die du noch nicht so gut verstanden hast.
- Setze **Ausrufezeichen** neben Textstellen,
  die du ganz besonders wichtig
  oder interessant findest.

IE, hörst du sie?
IE, siehst du sie?
Torpedos über die
en wie wild gewordene
ch die Luft.

✓
?
!

ner Geschwindigkeit
pro Stunde aus Afrika
n ein Nest zu bauen.

Schritt 3: Textstellen klären ?

Lies noch einmal die Textstellen,
die du nicht so gut verstanden hast.
Lies auch die Sätze davor und danach.
Verstehst du die Stellen jetzt?
Wenn du eine Textstelle noch immer nicht
verstehst, dann schreibe unklare Wörter auf
deinen Papierrand. Schlage diese im Wörterbuch
nach oder frage ein Partnerkind.

IE, hörst du sie?
IE, siehst du sie?
Torpedos über die
en wie wild gewordene
ch die Luft.

✓
? Torpedos

Schritt 4: sich über Textstellen austauschen !

Tausche dich mit Partnerkindern
über die Textstellen mit Ausrufezeichen aus.

Torpedo = U-Boot,
das ganz schnell
durch das Wasser
schießt

Unglaublich, wie schnell
dieser Vogel fliegen kann …

Er muss auch
schnell sein, denn er
hat noch einen weiten
Weg vor sich.

Ich …

Mit Karacho zurück in den Frühling

SRIE, SRIE, SRIE, hörst du sie?
SRIE, SRIE, SRIE, siehst du sie?
Sie schießen wie Torpedos über die
Dächer. Sie sausen wie wild gewordene
5 Düsenjäger durch die Luft.

Das flinke Vögelchen kommt mit einer
Geschwindigkeit von einhundert-
zwanzig Kilometern pro Stunde aus
Afrika angeflogen, um unter unserem
10 Dach ein Nest zu bauen. Das Fliegen
bedeutet nur eine kleine Anstrengung
für sie, denn Mauersegler sind die
besten Flieger der Welt.
Sie machen nichts anderes. Sie fliegen
15 Tag und Nacht. Sobald sie das Nest
verlassen, sind sie weg. Ab diesem
Zeitpunkt bleiben sie für immer in der
Luft. Für immer!
Das sind echte Luftakrobaten.
20 Hunger? Schnabel auf, quer durch eine Wolke Mücken
jagen und schlucken.
Durst? Schnabel auf, haarscharf übers Wasser segeln
und schlürfen.
Müde? Warten, bis es dunkel wird. Ein paar Kilometer
25 nach oben fliegen und auf einem Bett aus warmer Luft,
das langsam nach oben treibt, einschlafen.

Nur für ein Nest kommen sie auf die Erde. Für ihre
Jungen setzen sie ihre Beine kurz auf den Boden. Nun ja,
auf den Boden ... Sie kriechen unter das Dach, dicht
30 unter den Wolken, sodass es doch noch aussieht, als
schwebten sie ein wenig.

Bibi Dumon Tak

● Lies den Text genau. Nutze die Schritte auf Seite 126.

Gestatten: Veilchen

Das Veilchen

Erst kommt der Star zurück, ein Weilchen
danach kommt auch das blaue Veilchen.
Es blüht versteckt.
Wer es entdeckt,
den hat der Frühling aufgeweckt.

Heinz Kahlau

Veilchen

Es dämmerte, und die Mutter stieg
in den Keller, um noch etwas fürs
Abendbrot heraufzuholen. In den
Wiesen bellte ein Rehbock, und mein
Sohn Matthes, der gewaschen am
Tisch saß, sprang auf und rannte
hinaus, um den Rehbock zu sehn.
Es wurde dunkel; er kam nicht heim.
Die Mutter rief ihn und ging ihn
suchen; sie fand ihn nicht und kam
murrend zurück. Der Vollmond ging
auf, und Matthes kam heim; er hatte
die ersten Veilchen gepflückt. Sie
dufteten süß aus der schmutzigen
Faust.

Erwin Strittmatter

Veilchen – süß und wohltuend

Das Veilchen ist eine der ersten Pflanzen, deren Blüte uns im Frühling
erfreut. Wohlbekannt ist es wegen seines süßen Dufts.

Das Veilchen sieht aber nicht nur hübsch aus und riecht angenehm.
Es gilt auch als Heilpflanze. Ein Veilchenblütentee zum Beispiel hilft bei
Erkältung und Husten. Dazu gibt man eine Handvoll frisch gepflückter
Veilchenblüten in eine Tasse, übergießt sie mit heißem Wasser und lässt
sie zehn Minuten ziehen.

● Was haben die Texte auf dieser Seite gemeinsam?
  Wodurch unterscheiden sie sich?

● Finde weitere Besonderheiten über das Veilchen heraus.
  Nutze dazu Sachbücher, Lexika oder das Internet.

◗ Unterschiede und Gemeinsamkeiten von Texten finden
◗ Informationen in Druck- und – wenn vorhanden – elektronischen Medien suchen

Frühling lässt sein blaues Band

Er ist's

Frühling lässt sein blaues Band
Wieder flattern durch die Lüfte;
Süße, wohlbekannte Düfte
Streifen ahnungsvoll das Land.
Veilchen träumen schon,
Wollen balde kommen.
– Horch, von fern ein leiser Harfenton!
Frühling, ja du bist's!
Dich hab ich vernommen!

Eduard Mörike

leuchtend
strahlend
duftend

die ersten Blumen
im Beet

tropfend
klopfend
pochend

der Frühlingsregen
am Fenster

summend
surrend
…

🌈 Gedichte leben von besonders schönen bildhaften Wörtern und Wortgruppen.
Suche Stellen im Gedicht von Eduard Mörike, die dir besonders gefallen.

🌈 Woran merkst du, dass Frühling ist? Schreibe darüber ein kleines Gedicht.
Orientiere dich an den Texten auf dieser Seite.

Kirschblütenfest in Japan

Die Kirschblüten sind besonders schön. Die hauch-dünnen Blütenblätter können weiß oder rosa sein. In Japan finden die Menschen die Kirschblüten so schön, dass sie dafür sogar ein besonderes Fest erfunden haben, das Kirschblütenfest.

Nur wenige Wochen blühen die Kirschblüten. Wenn es lange regnet oder ein sehr starker Wind geht, verfaulen die Blüten oder werden ganz einfach von den Zweigen geweht, und der Blütenzauber ist vorbei.

Für die Japaner sind die Kirschblüten auch deshalb so kostbar, weil man nie genau weiß, wie lange sie noch blühen. „Nutze die Zeit", sagen sich die Japaner.

Es gibt in Japan übrigens echte Kirschblütenfans. Sie reisen der Kirschblüte hinterher. Im Süden Japans blühen die Kirschbäume zuerst, ein bisschen später blühen sie im Norden. Manche Japaner reisen quer durch das Land, um jeden Tag unter einem anderen blühenden Kirschbaum sitzen zu können.

Kristina Dumas

Ein alter Brauch

Wenn die ersten Blüten da sind, feiern die Japaner „Hanami", was übersetzt „Kirschblüten betrachten" heißt. Mit Picknickkörben ziehen die Menschen los und suchen sich einen Kirschbaum. Sie setzen sich darunter, essen Kekse, trinken grünen Tee, tanzen, spielen und freuen sich über die herrlichen Blüten.

Auch in anderen Ländern Asiens werden Kirschblütenfeste gefeiert, z.B. in Korea. In Deutschland gibt es in manchen Städten und Gemeinden ebenso Feste aus Freude über die blühenden Bäume. Besonders bekannt ist das Baumblütenfest in der kleinen Stadt Werder im Land Brandenburg, zu dem jährlich mehrere Hunderttausend Besucherinnen und Besucher kommen.

● Lies die Texte genau und tausche dich mit einem Partnerkind darüber aus. Nutze die Schritte auf Seite 126.

● Über welche Textstellen habt ihr euch ausgetauscht? Berichtet darüber in der Klasse.

Blütenschnee

수레에 실려 가는 봄

청소부 아저씨가

벚꽃 잎을 쓸어 담으며

봄도 쓸어 담는다

공원에 넘치는 봄

수레 가득 눌러 담아

봄이 안 온 곳으로

배달하러 간다

박방희

Ein Karren voll Frühling

Schaufelt der Gärtner
Kirschblüten in den Karren,
Schüttet er auch den Frühling mit hinein

Voll Frühling ist der Park
Hoch beladen der Karren
Liefert der Gärtner den Frühling ab
Dort, wo es noch nicht blüht

Pang-Hui Pak

Schneefall im Frühling
von den Baumästen sinken
weiße Kirschblüten

Elisabeth Zartl

🔴 Den koreanischen Text kann man auf dieser Seite auch auf Deutsch lesen.
Welcher Text ist es? Begründe deine Entscheidung.

🌈 **Ein Karren voll Frühling** – was ist damit gemeint?
Tausche deine Gedanken mit einem Partnerkind aus.

 Texte genau lesen
Texte genau lesen
zentrale Aussagen eines Textes erfassen und wiedergeben

131

Frühlings-Vogel-Gedicht

Setze die passenden Vogelnamen ein.

Im morschen Baum der ⭐⭐⭐ Specht,
Der trommelt gar nicht schlecht.

Die kleine blaue ⭐⭐⭐ Meise
Zetert nicht grad leise.

Und auch der freche ⭐⭐⭐ Spatz
Macht jetzt gern Rabatz.

Hoch droben klingt es „pink",
Das war bestimmt der ⭐⭐⭐ Fink.

SP · F · M · SP

Noch ein Vogelrätsel

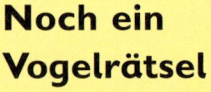

Meine Eltern kenn ich nicht,
denn sie zogen mich nicht groß.
Aber ihre Namen weiß ich,
weil mein Schnabel stets ihn spricht,
denn ich Ärmster kann nicht singen.
Grau ist meiner Federn Farbe
und mein Name hat zwei Silben,
welche völlig ähnlich klingen.

Kuckuck

Welches Frühlingsgemüse ist besonders beliebt? Spargel

INDEUT SCHLAND FREU ENSICH VIEL

EMENSCH ENIMFRÜH LINGÜ BEREIN

BESON DER ESGEM ÜSE. ESIST DERGE

SUNDES PAR GEL. ER WÄCHST HIERB

EIUNS NURZ UDIE SERJAHR ESZEIT.

Bauernregeln – eine ist gelogen!

Wenn im März die Kraniche ziehen,
werden bald die Bäume blühen.

Wenn im Mai die Sonne scheint,
es im Juni heftig schneit.

Säst du im März zu früh,
ist's oft vergebene Müh.

Wenn der April Spektakel macht,
gibt's Korn und Heu in voller Pracht.

1. Übung zum Aufbau der Sinnerwartung
3. Übung zur Segmentierung
2./4. Übung zum Überprüfen der Sinnerwartung
132   **Lösungen** S.196

Immer länger

Veilchen
Veilchenblüten
Veilchenblütentee
Veilchenblütenteetasse

Mauer
Mauersegler
Mauerseglerflug
Mauerseglerfluggeschwindigkeit

Baum
Baumblüten
Baumblütenfest
Baumblütenfestbesucherin

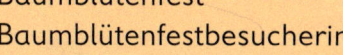

Zeilen vertauscht

In Werder wird das Baumblütenfest
mehrere Tage lang gefeiert. Beim
Fest gibt es jedes Jahr eine neue
dem Baumblütenball gewählt wird.
Die Königin erkennt man daran,
Baumblütenkönigin, die auf
dass sie eine Baumblütenkrone auf
ihrem Kopf trägt.

Zungenbrecher

Errötende Kröten flöten auf Krötentröten,
auf Krötentröten flöten errötende Kröten.

Witz

Fragt ein Laubfrosch seinen Freund:
„Kommst du mit auf den Rummel?"
Antwortet der Freund: „Geht leider
nicht. Ich habe keine Kröten …"

Was blüht im Frühling?

LIEDER Flieder

EBERBLÜMCHEN Leberblümchen

ROKUS Krokus

ARZISSE Narzisse

RIMEL Primel

AIGLÖCKCHEN Maiglöckchen

TIEFMÜTTERCHEN Stiefmütterchen

1./3. Übung zur Segmentierung
2./4. Übung zum Überprüfen der Sinnerwartung
5. Übung zum Aufbau der Sinnerwartung

Lösungen S.196   133

Schöne Schmetterlinge

Nur die Sachsen und Thüringer wussten früher, was mit dem Wort „Schmetterling"
gemeint war. Südlich von ihnen sagte man Maienvogel, Sommervogel, Raupenscheißer
oder Müllermaler. Im Norden waren dagegen Butterfliege und Schmantlecker als
Bezeichnungen im Gebrauch. Schmetterlinge sind Insekten mit zwei Flügelpaaren, die
mit unterschiedlich bunten, flachen Schuppen bedeckt sind. Die Schuppen sind dachziegel-
artig angeordnet und bilden Muster, die für die einzelnen Schmetterlingsarten typisch
sind. Auf Blüten sieht man oft Schmetterlinge sitzen. Eine Blüte ist fast so etwas wie eine
Tankstelle, ihr Nektar das Benzin. Damit die Schmetterlinge an den „Treibstoff" gut
herankommen, z.B. wenn er tief im Blütenkelch verborgen ist, hat die Natur ihnen einen
langen Rüssel zugedacht, den sie tief in die Blüte hineinstecken können.

Blauer Schmetterling

Flügelt ein kleiner blauer
Falter vom Wind geweht,
Ein perlmutterner Schauer,
Glitzert, flimmert, vergeht.
So mit Augenblicksblinken,
So im Vorüberwehn
Sah ich das Glück mir winken,
Glitzern, flimmern, vergehn.

Hermann Hesse

Der Zitronenfalter

Manche halten den Zitronenfalter
für einen Schmetterling. Das ist
natürlich Quatsch. In Wahrheit ist
das ein Mensch, der Zitronen faltet.
Wenn man sie ordentlich zusam-
menfaltet, passen nämlich viel
mehr in einen Karton.

Das ordnungsgemäße Falten einer
Zitrone ist jedoch eine schwierige
Angelegenheit. Deshalb muss man zehn
Jahre lang studieren und viele Prüfungen
ablegen. Erst dann darf man sich
„Zitronenfalter" nennen und in
einer Zitronenfalterei arbeiten.

Hubert Schirneck

Der stolze Schmetterling

Ein wunderschöner Schmetterling umflatterte eine duftende Blume;
da bemerkte er eine hässliche Raupe, die im Staube dahinkroch.
Verächtlich rief der Schmetterling ihr zu: „Wie darfst du
es wagen, dich in meiner Nähe sehen zu lassen? Fort mit dir!
Sieh, ich bin schön und strahlend wie die Sonne, und meine
Schwingen tragen mich hoch in die Lüfte, während du auf der
Erde umherkriechst. Fort, wir haben nichts miteinander zu schaffen!"
„Dein Stolz, du bunter Schmetterling, steht dir schlecht an",
erwiderte die Raupe ruhig. „All deine Farbenpracht gibt dir nicht
das Recht, mich zu verachten. Wir sind und bleiben Verwandte, so
schmähst du dich also selbst. Bist du nicht früher eine Raupe gewesen?
Und werden deine Kinder nicht Raupen sein wie du und ich?!"

Fabel aus dem Sudan

Der Schmetterling

Ein Räuplein saß auf kleinem Blatt.
Es saß nicht hoch, doch aß es satt
Und war auch wohl geborgen.
Da ward das kleine Raupending
Zum Schmetterling.
An einem schönen Morgen
Zum bunten Schmetterling.

Friedrich Hebbel

🌈 Wähle eines der Gedichte auf dieser Doppelseite aus,
das du auswendig lernen möchtest. Begründe deine Auswahl.

🔴 In einem Text geht es nicht wirklich um Schmetterlinge. Finde den Text.

🔴 Lies die Fabel. Nutze die Schritte auf Seite 126.
Stelle die wichtigste Textstelle der Klasse vor.

◗ Geschichten, Gedichte und Dialoge vortragen, auch auswendig
◗ Texte genau lesen
◗ zentrale Aussagen eines Textes erfassen und wiedergeben   AH S. 35 / 36   135

Der Uhu und die Unken*

Sieben dumme Unken munkeln:
Unke punke u ru ru,
In dem Brunnen, in dem dunkeln,
Sitzt ein schwarzer Marabu!

Uhu Schuhu hört sie munkeln,
Unke punke u ru ru,
Und lugt runter in den dunkeln
Brunnen mit den Augen gluh.

Doch nach einer Viertelstunde,
Unke, punke, u ru ru,
Brummt er: Auf dem Brunnengrunde
Ist kein schwarzer Marabu.

Nur die runden Brunnensteine,
Unke, punke, u ru ru,
Malen in dem fahlen Scheine
Schatten wie ein Marabu!

Klatsch und Tratsch und Unkenmunkeln,
Unke punke u ru ru,
Wuchern immer nur im Dunkeln.
Besser ist, man hört nicht zu!

James Krüss

*Unken werden auch **Feuerkröten** genannt.
Die männlichen Unken geben bei der Suche nach
Weibchen im Frühling dumpfe Rufe von sich.

🔴 Übe mit einem Partnerkind, den Text flüssig vorzulesen.

🌈 Suche mithilfe einer Kinder-Suchmaschine Informationen über Marabus.

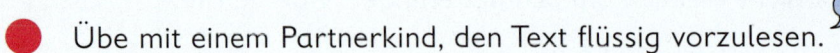

Gefährliche Krötenwanderung

Im Frühling gehen die „Bufo Bufo", die Erdkröten, auf eine besondere Wanderschaft. Sie machen sich in der Nacht aus ihrem Winterquartier im Wald auf den Weg zu Tümpeln oder Teichen, um dort zu laichen, also ihre Eier abzulegen. Aus diesen werden erst Kaulquappen und dann nach drei bis vier Monaten Kröten.

Interessant ist, dass die Kröten immer den Laichplatz suchen, an dem sie selbst geschlüpft sind. Außerdem ist bemerkenswert, dass die Krötenweibchen teilweise bis zu fünf Kilometern zu ihrem Laichplatz kriechen. Den kleineren Krötenmännchen scheint das zu anstrengend zu sein. Sie lassen sich einfach von den Weibchen huckepack zum Gewässer tragen.

Autos sind auf der Wanderung für die Kröten die größte Gefahr. Denn häufig liegt zwischen Wald und Tümpel eine Straße, die die Kröte überqueren muss. Damit die Kröten nicht überfahren werden, werden an besonders gefährlichen Stellen Krötenschutzzäune aufgebaut. Über diese kniehohen Zäune aus Plastik können die Kröten nicht hüpfen.

Am Zaun entlang sind Eimer eingegraben. Früher oder später purzeln die Kröten in einen der Eimer hinein. Hilfreiche Menschen können die Kröten dann in den Eimern sicher über die Straße tragen. Das geschieht meistens morgens und am späten Abend.

Haben die Erdkröten den Tümpel endlich erreicht, legen sie ihre Eier in langen Schnüren ins Wasser – mehrere Tausend Eier pro Weibchen. Danach ziehen sich die Erdkröten wieder in den angenehm kühlen und feuchten Wald zurück. Ihre Kinder folgen ihnen drei bis vier Monate später nach.

● Übe mit einem Partnerkind, den Text flüssig vorzulesen.

● **Krötenmännchen sind faul.** Begründe diese Aussage mithilfe einer Textstelle und mit einem Bild.

Frühlingsgeschenk für Falterfreunde

1. Aus Geschenkpapierresten schneidest du ein Quadrat und einen Kreis aus.

2. Falte beide Teile wie eine Ziehharmonika und füge sie dann mit einem dünnen Draht oder einem Faden zusammen.

3. Den fertigen Schmetterling kannst du an einem Frühlingszweig befestigen.

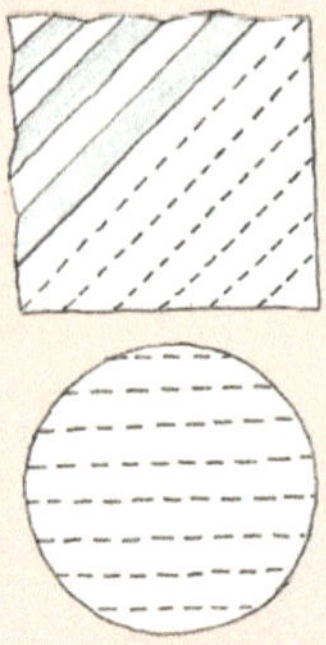

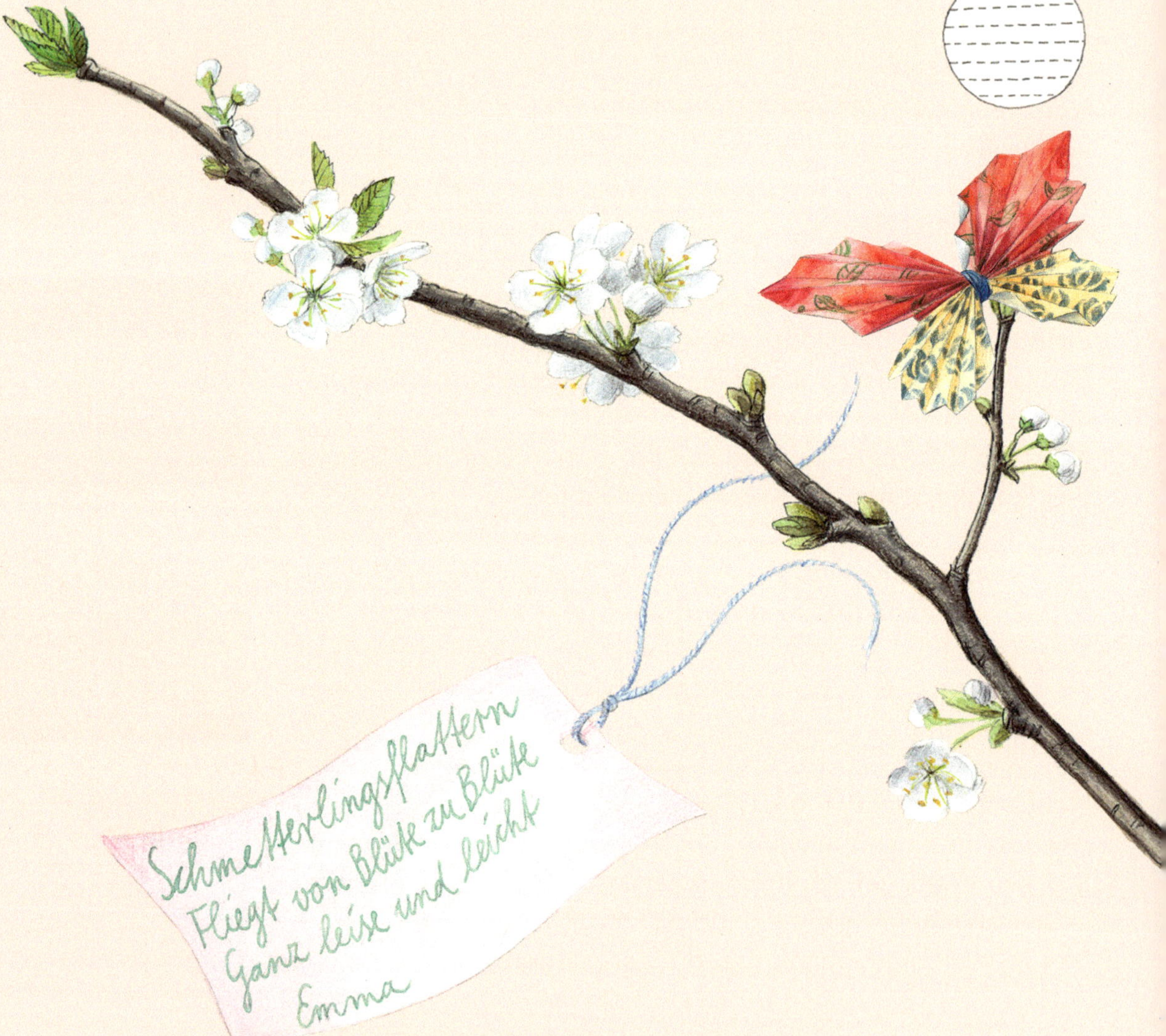

Schmetterlingsflattern
Fliegt von Blüte zu Blüte
Ganz leise und leicht

Emma

⭐ Schreibe ein eigenes Gedicht (z.B. ein <u>Haiku</u> oder ein <u>Elfchen</u>) oder schreibe ein Gedicht aus diesem Kapitel ab.
Befestige dein Gedicht an einem Frühlingszweig und verschenke es.

Unsere Welt

Wer bewirkt mehr auf der Erde,
der Mensch oder die kornwarme Sonne?

Pablo Neruda

Schwerpunkt-Bildungsstandards in diesem Kapitel:
- bei der Beschäftigung mit literarischen Texten Sensibilität und Verständnis für Gedanken und Gefühle und zwischenmenschliche Beziehungen zeigen; ➊ bei Verständnisschwierigkeiten Verstehenshilfen anwenden: Wörter nachschlagen, Text zerlegen

So kannst du dich in eine Figur hineinversetzen

Tipp 1: der Figur einen Brief schreiben

Schreibe einen Brief
an die Figur.

> Berlin, den 22.1.
>
> Liebe Wasserträgerin!
>
> Es tut mir leid, dass Dein Krug zerbrochen ist.
> Ich kann verstehen, dass Du unglücklich darüber bist.
>
> Ich denke allerdings auch, dass …
>
> Vielleicht hilft es Dir …

Tipp 2: aus der Sicht der Figur erzählen

Stell dir vor, du bist die Figur.
Was hast du erlebt?
Erzähle.

> Ich gehe doch jeden Tag mit meinem Tonkrug zum Fluss, um Wasser zu holen. Da sehe ich …

Tipp 3: einen Tagebucheintrag schreiben

Stell dir vor, du bist die Figur. Was hast du erlebt?
Was könntest du z.B. über das Erlebnis in dein Tagebuch schreiben?

> Sonntag, den 22. Januar
>
> Heute ist etwas ganz Schlimmes passiert: Als ich unterwegs war, um Wasser zu holen, bin ich gestolpert. Dabei habe ich …
>
> Ich habe mich gefühlt, als ob …

○ bei der Beschäftigung mit literarischen Texten Sensibilität und Verständnis
für Gedanken und Gefühle und zwischenmenschliche Beziehungen zeigen

Wassertropfen

Jeden Tag gehen die Frauen aus dem Dorf hinunter zum Fluss. In großen Tonkrügen holen sie Wasser, denn im Dorf gibt es keine Quelle. Eines Morgens schaut eine der Frauen verträumt einem Schmetterling hinterher. Dabei stolpert sie, und der Krug wird beschädigt. Einen zweiten hat sie nicht, auch kein Geld für einen neuen, und so umwickelt sie den Krug notdürftig mit ihrem Tuch. Aber das Wasser tropft an den Bruchstellen heraus, und als sie im Dorf ankommt, ist die Hälfte weg. „Ach", klagt sie, „was für ein Unglück, warum war ich bloß so unvorsichtig? Alle anderen bringen mehr Wasser nach Hause! Meine Mutter hat Recht, ich bin wirklich zu nichts nütze!" Eines Morgens aber, als die Frauen wieder zum Fluss gehen, ist der schmale Pfad gesäumt von grünen Gräsern und vielen kleinen Blumen, rot, gelb und weiß leuchten sie. „Das waren deine Wassertropfen", lachen die Frauen, „sie haben den staubigen Weg zum Blühen gebracht."

🌈 An einem Tag ist der Frau etwas Schlimmes passiert, an einem anderen etwas Schönes.
Stell dir vor, du bist die Frau. Schreibe über einen der beiden Tage einen Tagebucheintrag.

❍ bei der Beschäftigung mit literarischen Texten Sensibilität und Verständnis für Gedanken und Gefühle und zwischenmenschliche Beziehungen zeigen

141

Der Baobab*, ein uralter Baumriese

Steven aus Burkina Faso, einem Land in Afrika, erzählt von einem uralten Baum.

Dies ist ein ganz besonderer Baum, der nur bei uns in der trockenen Savanne wachsen kann. Er kann bis zu 20 m hoch werden, sein Stamm kann 9 m Durchmesser haben! So ein großer Baobab speichert 120 000 Liter Wasser.

Auf unserer Farm steht einer, der ist 600 Jahre alt, sagen die Leute. Und natürlich sagen sie: Das ist ein Geist. Nachts kann er umhergehen, das kann man hören, wenn man in der Hütte schläft. Und darum soll man nachts auch nicht draußen spazieren gehen, das kann gefährlich werden, der rennt einen glatt über den Haufen!

Wir nutzen seine Blätter, um daraus Soße zu machen. Aus der Rinde machen wir Seile. Wenn die großen, harten Früchte reif sind, klettern wir hoch und holen sie uns, denn darin ist ein gelbes Pulver, reines Vitamin C, daraus machen wir Saft.

Am tollsten sieht er in der untergehenden Sonne aus, riesig, schwarz und gefährlich.

Steven Yameogo

*Affenbrotbaum

● Wo liegt der Ort, in dem der Baobab wächst? Lies im Text.
  Willst du mehr wissen, dann suche im Atlas oder auf dem Globus.

● Erkläre den Begriff **Savanne**.

○ gezielt einzelne Informationen suchen
○ bei Verständnisschwierigkeiten Verstehenshilfen anwenden:
  nachfragen, Wörter nachschlagen, Text zerlegen

AH S. 40

Der leuchtende Sembar

Das Volk der Gond lebt in den Urwäldern
Zentralindiens. Es verehrt die Bäume
und den Urwald. Deshalb erzählen sie
viele Geschichten über Bäume, auch diese
vom leuchtenden Sembarbaum.

Im Regenmonat Juli vermisste einmal ein
Hirte seine Kuh. Es dämmerte schon, doch
von der Kuh gab es keine Spur. Der Hirte
machte sich Sorgen, und auch das Kälbchen
5 rief kläglich nach seiner Mutter. Zusammen
machten die beiden sich auf die Suche und
wagten sich tief in den Wald hinein. In alle
Richtungen riefen sie nach der Kuh. Dabei
kamen sie vom Weg ab, schwarze Wolken
10 zogen am Himmel auf und schon senkte sich
die Nacht auf sie. Der Hirte und das Kälbchen begannen vor Verzweiflung zu weinen.

Ein Glühwürmchen beobachtete die beiden
und fühlte Mitleid. „Folgt mir", rief es ihnen zu. „Ich glaube, ich kann euch helfen."
15 So stapften der Hirte und das Kälbchen durch den dunklen Wald, angeführt vom
blinkenden Licht des Glühwürmchens.
Und da! Ganz plötzlich eröffnete sich dem Hirten ein wunderbarer Anblick.
Wie ein Juwel leuchtete und funkelte ein Sembarbaum im Dunkeln. Auf jedem Blatt,
auf jedem Ast saß ein Glühwürmchen – und unter dem Baum stand im Schein
20 des Lichtes die verlorene Kuh.

Noch heute wissen alle, dass der Sembar ein freundlicher Baum ist.
Und noch heute sind Kuhhirten und Glühwürmchen beste Freunde.
Verirrt sich jemand im Wald, hält er Ausschau nach dem Sembar-
baum, der golden leuchtend die Nacht erhellt und alle beschützt.

Bhajju Shyam, Durga Bai und Ram Singh Urveti

 Stell dir vor, du bist der Hirte.
Erzähle, was du erlebt hast.

> Einmal vermisste ich
> meine Kuh …

○ bei der Beschäftigung mit literarischen Texten Sensibilität und Verständnis
für Gedanken und Gefühle und zwischenmenschliche Beziehungen zeigen

143

Welches Wort passt?

Ungefähr 2 000 Tonnen beträgt/wiegt der **General Sherman**, ein Riesenmammutbaum im Sequoia National Park in Kalifornien. Der Gigant hat einen Durchmesser von 11 m und ist 84 m hoch. Damit erreicht er die Höhe/Breite eines Hochhauses. Würde man das Haus/den Baum fällen, könnte man etwa 5 Milliarden Streichhölzer aus ihm herstellen/hinstellen. Als Kette übereinandergelegt/aneinandergereiht würden sie fünfmal um die Erde reichen.

Welcher Schatten gehört zu welchem Baum?

1   2   3   4   5

A   B   C   D   E

Die Anleitung ist ja ganz durcheinander.

Ein Trinkbecher aus Papier

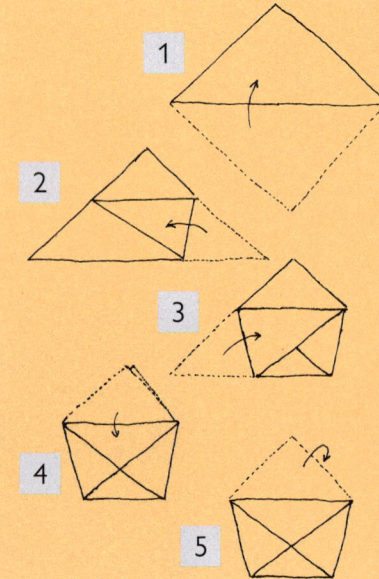

1
2
3
4
5

Du brauchst ein Quadrat aus weißem Papier in einer beliebigen Größe.
Je größer das Papier, desto größer der Becher.

A   Schlage die linke Spitze zur rechten Kante.

B   Die zweite Spitze wird nach hinten geknickt. Fertig ist dein Trinkbecher!

C   Schlage die rechte Spitze zur linken Kante.

D   Falte das Quadrat diagonal zusammen.

E   Falte die obere Spitze nach unten.

Runde Sachen

Mohnkorn,
Kirschkern
Kastani
Knödel,
Kegelkugel und
Kürb
sind rund.

Kugelrund
ist die Erde,
ein herrlicher Ball
rund um die Son
trägt sie uns
durchs All.

Josef Guggenmos

Wie heißen die Länder richtig?

Engelland    Fuchsenburg

Fliederlande   Kussland   Spaniel

Gerda Anger-Schmidt

Welches Wort gibt es nicht?

Erdball	Baumhaus	Wassertropfen
Erdkugel	Baumwald	Wasserwerk
Erdkruste	Baumkrone	Wasserfahrzeug
Erdmurmel	Baumschule	Wassereimer
Erdhaufen	Baumschmuck	Wasserrüssel

Unsere Welt hat festgestellt:

Weltweit werden wenige Weltenbummler Weltmeister im Weltenweitwandern.

Frieden bringen freilich freie Friedenstauben nicht allein.

Immer schneller lesen

Welt
Weltwunder
Weltwunderwanderung

Baum
Baumkrone
Baumkronenversteck

Leben
Lebensraum
Lebensraumveränderung

Frieden
Friedenstaube
Friedenstaubenbild

1./2. Übung zum Aufbau der Sinnerwartung
3. Übung zum Überprüfen der Sinnerwartung
4./5. Übung zur Segmentierung

Lösungen S.196

145

Von Langnasen und Stupsnasen

Alle Menschen stammen von schwarzhäutigen Urururururgroßeltern ab, aber im Laufe der Zeit haben wir uns verändert. Fallen Babys bei der Geburt in einen Farbtopf? Oder wieso haben manche Menschen weiße und andere schwarze Haut? Warum haben Asiaten Stupsnasen und Europäer solche Zinken, dass sie in Asien „Langnasen" genannt werden? Sind die einen dumm, die anderen böse?

Nein, sagen die Wissenschaftler, Dummheit oder Bosheit sind leider so gleichmäßig auf der ganzen Welt verteilt wie der Käse auf der Pizza. Ob jemand ein kluger oder ein guter Mensch wird, hängt hauptsächlich davon ab,
5 wie gut er behandelt und gefördert wird.
Nur Rassisten behaupten, das hinge von der Hautfarbe oder der „Rasse" ab. Rassisten sind Leute, die anders Aussehende beschimpfen, verfolgen und verprügeln. Sie behaupten, ihre eigene
10 „Rasse" sei die beste, schönste, klügste.

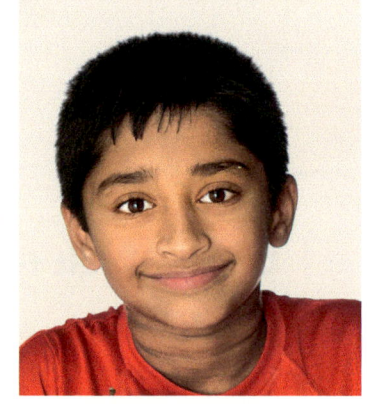

Blödsinn, entgegnen Wissenschaftler. Es gibt nämlich überhaupt keine Rassen. „Es gibt nur eine Menschenrasse – den Menschen", sagt der Genetiker Luca Cavalli-Sforza.
15 Genetiker sind Wissenschaftler, die Erbanlagen erforschen, Gene genannt. Auch ob ein Baby schwarze oder blonde Haare bekommt, wird von den Genen gesteuert, die in allen Körperzellen sitzt. Von den rund 100 000 Genen in unseren Zellen sind es gerade mal sechs, die unsere
20 Hautfarbe bestimmen.
Zwischen den Genen von Schwarzhäutigen und Weißhäutigen gibt es also fast keine Unterschiede. Die Genetiker haben inzwischen auch herausgefunden, warum das so ist: Die gesamte Menschheit stammt
25 von schwarzhäutigen Urahnen ab.
Die Schwärze ihrer Haut schützte unsere Vorfahren vor zu viel Sonne. Dennoch begannen sie in den kühleren Norden zu wandern, als vor rund 100 000 Jahren das Klima in der Steppe immer heißer wurde. Vor etwa
30 60 000 Jahren erreichten sie Südostasien und Australien, vor 40 000 Jahren Europa, vor 20 000 Jahren Amerika.

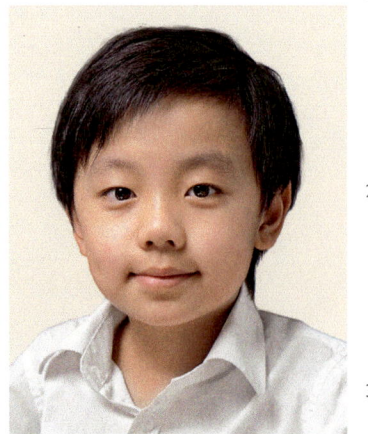

Mit der Zeit passte sich das Aussehen unserer Ahnen
dem Klima in ihrer neuen Heimat an.
Die australischen Ureinwohner sind heute noch so dunkel

35 wie die Afrikaner, die in der
Nähe des Äquators zu Hause
sind, sie leben ja auch in
einem ähnlichen Klima.
Die frühen Ackerbauern in
40 Europa hingegen konnten nur
deshalb überleben, weil ihre
Haut immer heller und ihre
Nasen immer länger wurden. Lange Nasen sind ein
gewisser Schnupfenschutz. Sie sorgen in kaltem Klima
45 dafür, dass die Atemluft erwärmt wird.
Und weiße Haut kann leichter von der Sonne
durchdrungen werden, sodass sich lebenswichtiges
Vitamin D in unserem Körper bildet.

Die Inuit am Nordpol hingegen hatten es nicht nötig zu
50 erbleichen, ihre Lieblingsmahlzeit Fisch enthielt genügend
Vitamin D. Dafür aber haben sie Augenlider, die besser
als unsere die Augen vor Schneestürmen schützen.

Du glaubst das alles nicht? Leg dich in die Sonne,
und deine von den Ururururgroßeltern
55 ererbten Gene werden deiner Haut befehlen:
Werde braun.

Ute Scheub

● Die Menschen sehen verschieden aus. Warum?
Erkläre mithilfe passender Textstellen.

● Erkläre den Begriff **Genetiker**.

◆ Suche dir ein Partnerkind. Betrachtet euch gegenseitig.
Was ist ähnlich? Was ist anders?

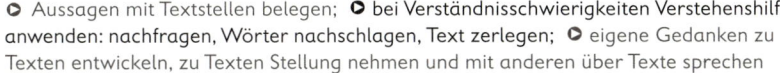

◐ Aussagen mit Textstellen belegen; ◐ bei Verständnisschwierigkeiten Verstehenshilfen
anwenden: nachfragen, Wörter nachschlagen, Text zerlegen; ◐ eigene Gedanken zu
Texten entwickeln, zu Texten Stellung nehmen und mit anderen über Texte sprechen   **AH** S. 41   147

Akim rennt

In Akims Dorf scheint der Krieg weit weg. Akim
spielt am Ufer des Kuma-Flusses friedlich mit den
anderen Kindern und ihren kleinen Booten. Am späten
Nachmittag erbebt die Luft von dumpfem Lärm und
5 Schüssen. Das Dröhnen wird immer stärker.

In Akims Dorf beginnen die Menschen wild herum-
zurennen. Auch Akim rennt los. Er will nach Hause.
Aber sein Haus ist zerstört, niemand ist mehr da.
Akim schreit! Er klammert sich an die Hand eines
10 Erwachsenen, der ihm zu helfen versucht. Aber der Mann rennt zu schnell. Akim
bleibt in dem Gedränge allein zurück. Er hat große Angst. Er will zu seiner Familie.

Akim flüchtet sich in die Überreste eines Hauses voller Menschen, die er nicht
kennt. Er sucht ein vertrautes Gesicht: seine Mutter, seine Schwester, seine Freunde.
Vergeblich. Akim weint. „Mama, Mama …" Eine Frau mit einem Baby drückt
15 ihn an sich. Während der ganzen Nacht hält sie ihn im Arm. Dort bleibt er drei
lange Tage.

Am Morgen des dritten Tages dringen die Soldaten in das Haus. Sie nehmen Akim
und andere Kinder mit. Akim ist ihr Gefangener. Er hat große Angst und denkt
unaufhörlich an seine Mutter. Er muss die Soldaten bedienen und Wasser für sie
20 aus dem Brunnen holen. Abends bekommt er ein wenig Reis zu essen.

Eines Tages sind im Lager Raketeneinschläge zu hören. Die Soldaten stürmen
mit ihren Waffen hinaus. Akim nutzt die Gelegenheit und flieht.
Er rennt und rennt.

Nachdem er stundenlang durch das Gebirge gelaufen
25 ist, entdeckt er eine Gruppe Flüchtlinge. Er rennt zu
ihnen. Eine alte Frau streckt ihm die Hand hin. Sie
trägt einen Säugling in den Armen. Sie laufen, bis sie
völlig erschöpft sind.

Als die Nacht hereinbricht, gelangen sie zu einem
30 Fluss: Die Grenze! Ein Fischer nimmt sie in sein Boot
und macht sich mit ihnen auf den Weg. Akim friert
die ganze Nacht. Am Morgen erreichen sie das
andere Ufer. Sie laufen weiter in Richtung des
Dorfes Mapam.

35 Auf dem Weg begegnen sie dem Laster einer
Hilfsorganisation, der sie mitnimmt und in ein
Flüchtlingslager bringt. Dort bekommen sie zu
essen und können sich waschen. Für die Nacht
haben sie ein Bett zum Schlafen.

40 Im Lager ist Akim in Sicherheit. Aber er denkt
unaufhörlich an seine Familie und an alles, was er
gesehen hat. Mit den anderen Kindern zu spielen,
gelingt ihm nicht. Eine Ärztin kommt und spricht
mit ihm. Abends lauschen sie alle gemeinsam den
45 Märchen aus Tausendundeiner Nacht.

Häufig trauert Akim um seine Familie und denkt an
früher. Aber eines Tages ruft der Leiter des Lagers
Akim zu sich.

Man hat seine Mama gefunden …

Claude K. Dubois

Ein Symbol für den Frieden ist die
Friedenstaube mit einem Ölblatt im Mund.
Dieses Bild wurde von dem Künstler Pablo
Picasso für den Weltfriedenskongress im
Jahr 1949 entworfen.

🌈 Akim fühlt sich allein im Flüchtlingslager. Schreibe ihm einen Brief.
Was möchtest du Akim sagen?

🌈 Welche gemeinsame Botschaft haben das Bild von der Friedenstaube
und der Text über Akim?

○ bei der Beschäftigung mit literarischen Texten Sensibilität und Verständnis
für Gedanken und Gefühle und zwischenmenschliche Beziehungen zeigen
○ zentrale Aussagen eines Textes erfassen und wiedergeben

Zitronen oder Schule

Junis, der von seinen Freunden „Jonny Himmelblau" genannt wird, lebt mit seiner Familie in Kairo, der Hauptstadt von Ägypten. Dort hilft er seinem Vater beim Zitronenverkaufen.

Mein Vater lag unter einer Decke auf seiner Matratze und schnarchte.
„Ich geh in die Schule!", sagte ich leise zu meiner Mutter.
Eigentlich war heute der Tag, an dem ich auch schon vormittags mithelfen sollte.

„Hiergeblieben!", befahl mein Vater mit geschlossenen Augen. „Du verkaufst heute, sonst verlernst du noch, wie es geht, Zwerg!"

Ich stellte mich vor die Vaterglatze und begann mit den Verhandlungen. „Ich hab doch gestern so gut verkauft. Könnte ich nicht ausnahmsweise heute zur Schule?"

„Was willst du? Sollen wir verhungern? Kannst du Zahlen und Buchstaben essen? Wenn es nach mir ginge, würdest du dort überhaupt nicht mehr hingehen, es verdirbt nämlich dein Hirn!"

Typische Unlogik.
Endgültig klappte mein Vater die Augen auf. Er fingerte nach seinem Turban und wickelte ihn so ungeschickt, dass dieser seine Augen verdrehte. „Verflucht, daran bist nur du schuld, Junis, du Zwerg!"

So endete jede Diskussion, die eigentlich keine Diskussion war.
Meine Mutter ging im melonengrünen Kleid dazwischen
und pochte meinem Vater gegen die Stirn.
„Was kann dein Sohn dafür, dass du deinen Turban
nicht wickeln kannst? Du hast das Hirn einer Fliege.
Lass deinen Sohn zur Schule gehen!"

Andrea Karimé

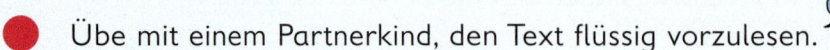 ● Übe mit einem Partnerkind, den Text flüssig vorzulesen.

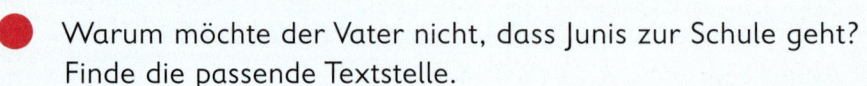 ● Warum möchte der Vater nicht, dass Junis zur Schule geht?
Finde die passende Textstelle.

Urlaub in Finnland

Matti wohnt in Deutschland, aber sein Vater kommt aus Finnland. Mit seinen 11 Jahren ist Matti noch nie in Finnland gewesen und würde in den Ferien gern hinfahren, doch sein Vater möchte es nicht. Das versteht Matti nicht. Turos Mutter ist auch Finnin. Ob Matti mit Turo zusammen nach Finnland fahren könnte?

In der Pause zeigte mir Turo einen Prospekt, den er mir aus Mikkeli mitgebracht hatte, von seiner letzten Finnlandreise. Er war dort extra in ein Touristenbüro gegangen, um den Prospekt für mich zu holen.

Mikkeli ja ympäristö stand in weißen Buchstaben vorne auf dem Umschlag, dahinter sah man das blaue Wasser eines großen Sees mit Fichten und Birken am Ufer, kleine rotbraune Holzhäuser und einen wunderschönen Himmel mit zwei winzigen weißen Wolken.

„Was heißt denn *ympäristö*?", fragte ich.

„Das bedeutet die Gegend rund um Mikkeli."

„Die Umgebung?"

„Genau. ‚Mikkeli und Umgebung'. Unser *mökki*, wo wir im Sommer immer hinfahren, ist in Haukivuori, am Kyyvesi-See."

Ein *mökki* ist offenbar ein Ferienhaus, denn er schlug eine Seite auf und zeigte mir das Foto von einem kleinen rotbraun gestrichenen Häuschen am Ufer eines Sees.

„Schön", sagte ich.

„Haukivuori ist sogar berühmt. Vor ein paar Jahren fand da die Sumpfvolleyball-Weltmeisterschaft statt!"

Ich dachte zuerst, er machte Witze, aber Turo schwor mir, dass es stimmt.

„Hier, das kannst du deinen Eltern doch mal zeigen", sagte er und gab mir den Prospekt.

„Und sag ihnen, dass es uns wirklich gar nichts ausmacht, wenn du diesmal mitkommst. Wir könnten zusammen angeln. Und ein Boot haben wir auch."

„Echt? Ein Schnellboot?"

Turo lachte, dass man seine riesengroßen Schneidezähne sah.

„Nee, zum Rudern." Seine blauen Augen funkelten. „Das wäre doch toll, wenn wir zusammen Ferien machen könnten."

Salah Naoura

> **Aussprachehilfe**
> Im Finnischen spricht man jeden Buchstaben aus. Doppelte Buchstaben werden wie ein langer Buchstabe zusammengezogen. Die Betonung liegt immer auf der ersten Silbe.
> y = „ü"
> v = „w"

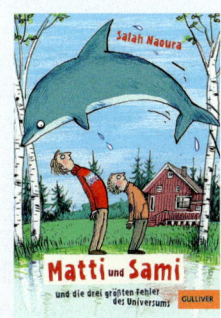

🔴 Übe mit einem Partnerkind, den Text flüssig vorzulesen.

🔴 Was könnte **Haukivuori** bedeuten? Lies im Text nach.

◗ altersgemäße Texte sinnverstehend lesen – **Erweiterung**
◗ bei Verständnisschwierigkeiten Verstehenshilfen anwenden: nachfragen, Wörter nachschlagen, Text zerlegen

151

Denk mal!

Es gibt Fragen, die keiner von uns schnell beantworten kann.
Da lohnt es sich, etwas länger darüber nachzudenken.
Dies haben einige Kinder in einem Denkheft getan.

Ist jeder schön?

Ich glaube, dass jeder schön ist, denn jeder hat eine eigene Schönheit. Menschen streben nach dem Perfektsein. Daher erkennen manche nicht die Schönheit mancher Dinge. Auch sind uns manche Dinge fremd, weshalb wir uns vor ihnen fürchten. So geht die Schönheit in der Angst unter. Zum Beispiel werden Spinnen meist verscheucht, da man Angst vor ihnen hat. Aber auch Spinnen haben ihre eigene ganz besondere Schönheit.

Dana denkt

Wird es die Erde immer geben?

Warum gibt es so viele verschiedene Lebewesen?

Kann jeder etwas besonders gut?

Ich glaube, dass jeder eine Sache besonders gut kann. Jeder hat mindestens eine gute Fähigkeit, nur das Schwere ist herauszufinden, welche. Die Schule hilft dabei, indem sie sehr abwechslungsreiche Fächer und AGs anbietet. Auch das Praktikum hilft einem später herauszufinden, was man gut kann, denn später kann man diese Fähigkeit für das Geldverdienen gebrauchen. Diese Fähigkeit kann z.B. malen sein, eine sportliche Aktivität, aber auch so etwas wie reden, jemanden überzeugen. Sie sind unheimlich vielfältig.

Mohamed denkt

Warum sehen wir so verschieden aus?

Gibt es Wunder?

Fragen von
Antje Damm

 Sammle mit deiner Klasse Fragen, über die ihr nachdenken wollt. Jede Woche wählt ihr eine Frage aus und schreibt sie in ein Denkheft. Dann habt ihr die ganze Woche Zeit, darüber nachzudenken und eure Gedanken aufzuschreiben. Nach der Woche stellt ihr einander eure Gedanken vor.

Mit Medien leben

Nichts ist so alt
wie die Zeitung von gestern.

Deutsches Sprichwort

Schwerpunkt-Bildungsstandards in diesem Kapitel:
● Angebote in Zeitungen und Zeitschriften, in Hörfunk und Fernsehen, auf Ton- und Bildträgern sowie im Netz kennen, nutzen und begründet auswählen; ● sich in einer Bücherei orientieren

153

Le___ning

So ko___ du Angebote einer Tageszeitung nutzen und auswählen

Schritt 1: sich auf der Titelseite orientieren

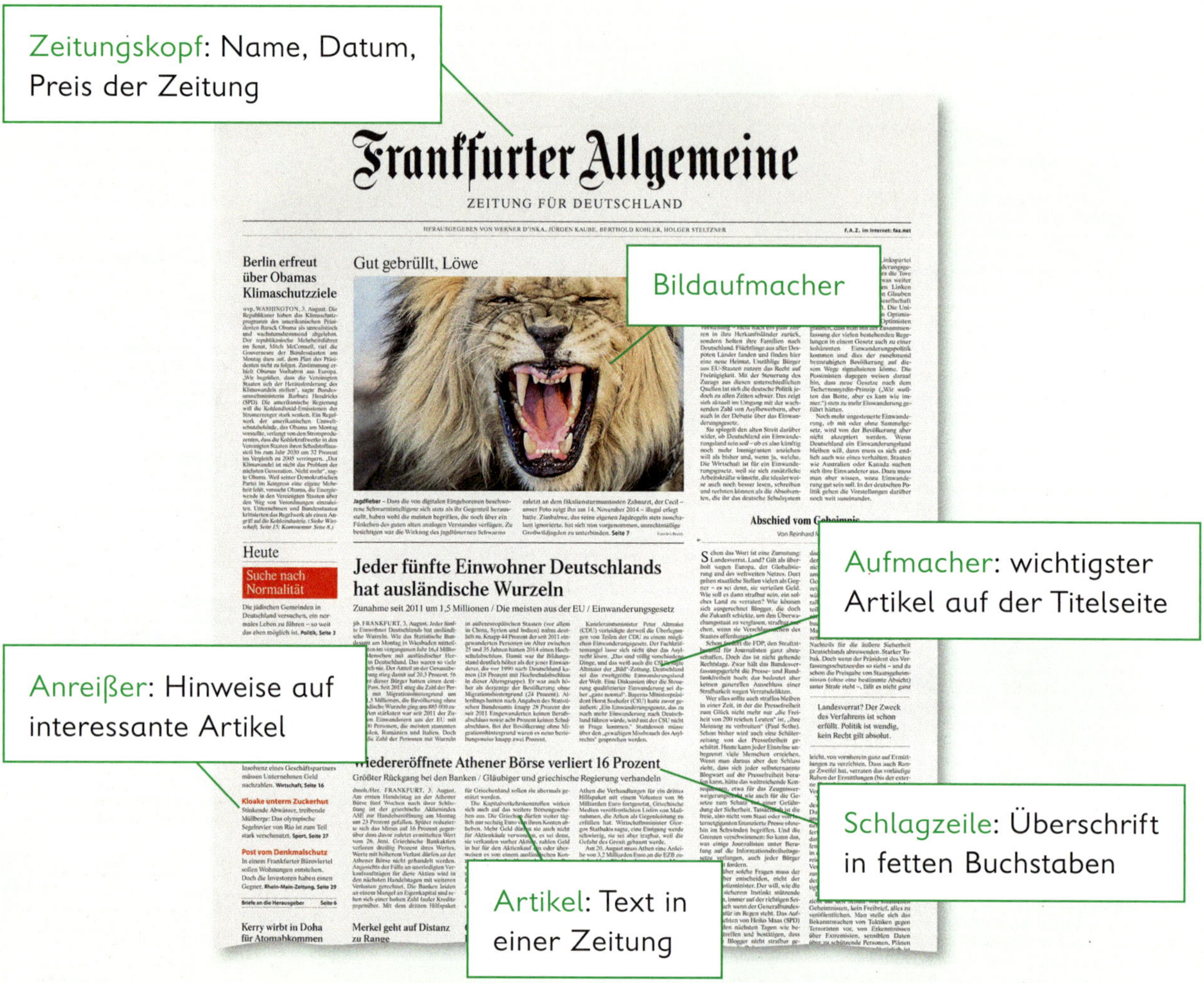

Zeitungskopf: Name, Datum, Preis der Zeitung

Bildaufmacher

Aufmacher: wichtigster Artikel auf der Titelseite

Anreißer: Hinweise auf interessante Artikel

Schlagzeile: Überschrift in fetten Buchstaben

Artikel: Text in einer Zeitung

Schritt 2: sich in der Zeitung orientieren

In der Zeitung gibt es verschiedene Themenbereiche. Man nennt sie
Rubriken, z.B. Politik, Wirtschaft, Sport, Kultur, Lokales.
Blättere die Zeitung durch. Wähle eine Rubrik aus, die dich besonders
interessiert.

Schritt 3: sich einen Artikel auswählen

Suche einen Artikel in der Rubrik, die dich besonders interessiert.
Orientiere dich an den Schlagzeilen.
Lies den Artikel.

○ Angebote in Zeitungen und Zeitschriften, in Hörfunk und Fernsehen, auf Ton- und
Bildträgern sowie im Netz kennen, nutzen und begründet auswählen

Frankfurter Allgemeine

ZEITUNG FÜR DEUTSCHLAND

HERAUSGEGEBEN VON WERNER D'INKA, BERTHOLD KOHLER, GÜNTHER NONNENMACHER, FRANK SCHIRRMACHER, HOLGER STELTZNER

F.A.Z. im Internet: faz.net

Li: Deutschland und China sind Traumpaar

rike. BERLIN, 27. Mai. Deutschland hat sich bei der Europäischen Kommission offiziell gegen die Verhängung von Anti-Dumping-Zöllen auf chinesische Solarmodule ausgesprochen. Das teilte Bundeswirtschaftsminister Rösler (FDP) am Montag in Berlin während seines Treffens mit dem chinesischen Ministerpräsidenten Li Keqiang mit. „Wir stehen gegen protektionistische Maßnahmen, für freien Handel, offene Märkte und fairen Wettbewerb“, sagte Rösler vor deutschen und chinesischen Wirtschaftsvertretern und in Anwesenheit Lis und des chinesischen Handelsministers Gao Hucheng. In Berlin hieß es, 17 der 27 EU-Staaten hätten in ihren Stellungnahmen zu den Strafzöllen Kritik bis Ablehnung ausgedrückt. Zwar können die Staaten die Kommission nicht aufhalten. Der Druck, zu einer Verhandlungslösung zu kommen, steigt aber. Li lobte das Vorgehen der Bundesregierung – und die deutsch-chinesischen Beziehungen. Zusammen, betonte Li, könnten „Made in China“ und „Made in Germany“ ein „Traumpaar“ werden. *(Siehe Seite 2 und Wirtschaft, Seiten 9 und 14; Kommentar Seite 8.)*

Suhrkamp-Kultur: *Der Frankfurter Verlag hat das geistige Leben in Deutschland umgepflügt. Ob die ausgebrachte Saat immer zum Guten aufgegangen ist, darüber lässt sich streiten. Dass selbst der gütigste Hegemon, egal, ob im richtigen oder im ideellen Leben, nicht mit sich spaßen lässt, wenn es um seine Herrschaftsansprüche geht, ist dabei auch klar. Nun ist der Verlag in großer Not und sehnt sich vielleicht nach einem Land jenseits des Regenbogens, in dem Probleme wie Zitronenbonbons schmelzen.* Foto Helmut Fricke

Der Suhrkamp-Kampf

Von Andreas Platthaus

Es soll der Befreiungsschlag werden, mit dem Suhrkamp sich aus der erstickenden Umklammerung seines Minderheitengesellschafters Hans Barlach lösen will. Am Montag hat der international bekannteste und immer noch wichtigste deutsche Literaturverlag Insolvenz beantragt. Das heißt seit einer Gesetzesreform vor einem Jahr aber etwas anderes als zuvor: Ehe der Insolvenzverwalter auch nur seine Arbeit aufnimmt, hat der Verlag drei Monate lang Zeit, ein Sanierungskonzept zu erarbeiten und damit zu beweisen, dass das, was für eine Insolvenz die Voraussetzung darstellt – Überschuldung oder Zahlungsunfähigkeit –, noch zu vermeiden ist. In dieser Zeit genießt das Unternehmen Vollstreckungsschutz vor seinen Gläubigern – und auch vor den eigenen Gesellschaftern. Erst wenn dieser eigenverantwortliche Sanierungsversuch scheitern sollte, würde das Gericht einen Insolvenzverwalter bestellen, der dann das eigentliche Verfahren betreibt. Das wäre Routine im deutschen Unternehmensrecht.

Keinesfalls Routine aber ist, wie Suhrkamp zu diesem Schritt getrieben wurde. In den vergangenen Monaten hat es eine Kette von Prozessen zwischen dem Mehrheitseigner, der Unseld-Familienstiftung, und der mit 39 Prozent am Verlag beteiligten Medienholding von Hans Barlach gegeben. Alle bisherigen Urteile gaben Barlach recht, doch aus den daraus resultierenden finanziellen Forderungen an Suhrkamp resultiert jetzt die Lage des Verlags, die ihm den Schritt in die Insolvenz weist. Ein Hinauszögern hätte der Geschäftsführung, gegen deren Rechtmäßigkeit Barlach gleichfalls geklagt hat, den Vorwurf der Insolvenzverschleppung eintragen können — und natürlich wäre sie von Barlach dann wieder verklagt worden. Er hat als Eigentümer Anspruch auf Rendite, ist Eigner und Gläubiger zugleich, muss sich aber fragen lassen, ob ihm am Weiterbestand des Unternehmens Suhrkamp wirklich gelegen ist.

Diese Frage stellt sich im Falle der Gegenseite nicht. Ulla Unseld-Berkéwicz, die gemäß dem Willen ihres 2002 verstorbenen Mannes Siegfried Unseld die Familienstiftung und damit auch den Verlag selbst leitet, hat nur ein Interesse: Kontinuität, Ruf und literarischen Anspruch zu wahren, wie es das Satzungsziel der Stiftung vorschreibt. Dazu gehören auch Investitionen in Autoren, die sich kaufmännisch vielleicht nie rechnen werden. Aber literarisch.

Heute

Mode für Kollegen

Guido Maria Kretschmer musste schon viele Unternehmensuniformen gegen Betriebsräte verteidigen. Als Textildiktator sieht sich der Designer nicht. **Wirtschaft, Seite 15**

In der Falle
Die Umstände des Todes eines deutschen Elitesoldaten am 4. Mai werfen Fragen auf. Im Bundestag wächst die Befürchtung, Deutschlands Einsatz in Afghanistan sei letztlich vergeblich gewesen. **Politik, Seite 3**

Rechte Sonne
Osakas Bürgermeister Hashimoto bringt Japans Nationalisten in die Schlagzeilen: Erst war die Verschleppung von Mädchen in Frontbordelle notwendig, dann waren die anderen auch nicht besser. **Politik, Seite 5**

Kampf gegen Korruption
Präsident Joseph Blatter will auf dem Fifa-Kongress auf Mauritius sich und umstrittene Reformen werben. Hans-Joachim Eckert, d… Leiter der Ethikkommission, stärkt ihm den Rücken. **Sport, Seite 23**

„Rettungskredite verloren“
Werden nach der Wahl Griechenland Schulden erlassen? Wenn die Europolitik fortgesetzt wird wie bisher, dann gewiss, glaubt Bernd Lucke, Gründer der „Alternative für Deutschland“. **Wirtschaft, Seite 11**

Büchner, der rote Korsar
Sensationsfund auf einem Gießener Dachboden: Die neu entdeckte Zeichnung … Mann

Suhrkamp-Verlag beantragt Gläubigerschutz

Geschäfte „den Auseinandersetzungen auf Gesellschafterebene entzogen“

S.K., FRANKFURT, 27. Mai. Der Suhrkamp-Verlag hat Gläubigerschutz beantragt. Wie die Geschäftsführung am Montag in Berlin mitteilte, reichte der Verlag beim zuständigen Amtsgericht Berlin-Charlottenburg einen Antrag auf Einleitung des sogenannten Schutzschirmverfahrens ein. Das „Gesetz zur weiteren Erleichterung der Sanierung von Unternehmen“, Esug genannt, ist erst im vergangenen Jahr in Kraft getreten. Es hat zum Ziel, strauchelnde Firmen zu retten und ihnen eine gewisse Zeit zu geben, um sich zu reorganisieren. Die Entscheidung zu diesem Schritt, hieß es aus Berlin, beruhe insbesondere auf den Konsequenzen eines Urteils des Landgerichts Frankfurt vom 20. März dieses Jahres. Seit diesem Urteil müssten Forderungen der Gesellschafter gegenüber dem Verlag in Höhe von rund 8,2 Millionen Euro bilanziell berücksichtigt werden. Geklagt hatte der Minderheitsgesellschafter Hans Barlach auf eine Gewinnausschüttung in Höhe von 2,2 Millionen Euro, die ihm zugesprochen wurde.

Um Suhrkamp wird seit Monaten ein Machtkampf geführt zwischen den beiden Gesellschaftern, der von Ulla Unseld-Berkéwicz geleiteten Familienstiftung, die 61 Prozent der Anteile hält, und der von Hans Barlach geführten Medienholding, der 39 Prozent gehören. Auch auf einen Verzicht der Gewinnausschüttung konnten sich beide Parteien nicht verständigen. Deshalb sah sich die Geschäftsführung gezwungen, Gläubigerschutz zu beantragen.

Das Schutzschirmverfahren ist eine Vorstufe des klassischen Insolvenzverfahrens. Es schützt den Verlag für den Zeitraum von drei Monaten vor dem Zugriff seiner Gläubiger. In dieser Zeit kann das Unternehmen einen eigenständigen Sanierungsplan erarbeiten. Das operative Geschäft läuft unterdessen weiter, Autorenverträge bleiben bestehen. Die Geschäftsführung trifft die wesentlichen Entscheidungen weiterhin selbst, da es keinen Insolvenzverwalter gibt, sondern nur einen Sachverwalter mit weniger Befugnissen. Wichtige Entscheidungen werden unter Mitwirkung des Sachwalters getroffen und damit, so die Geschäftsführung, „den Auseinandersetzungen auf Gesellschafterebene entzogen“.

Die Geschäftsführung des Verlags ist überzeugt davon, dass „ein stabiler finanzieller und rechtlicher Rahmen für die Fortführung des Verlags“ gefunden werden kann. Sie geht davon aus, dass das Verfahren innerhalb weniger Monate abgeschlossen sein wird. Zum Sachwalter hat das Gericht den Berliner Rechtsanwalt Rolf Rattunde bestellt. Als Generalbevollmächtigten der Verlage hat die Geschäftsführung Frank Kebekus aus Düsseldorf berufen. *(Siehe Feuilleton, Seite 25.)*

Vertrauen verloren

Von Matthias Rüb

Vertrauen ist die Währung der Politik. Die Wähler legen Vertrauen in einen Kandidaten in der Hoffnung, es möge Dividende bringen in Form von Wohlstand und Sicherheit – für sie selbst, für das Land, für nachwachsende Generationen. Kein Politiker in einer westlichen Demokratie hat in jüngerer Vergangenheit einen so immensen Vorschuss an Wählervertrauen erhalten wie Barack Obama.

2008, als Obama erstmals zum Präsidenten gewählt wurde, schien das keine riskante politische Kapitalanlage zu sein. In den letzten Monaten der Amtszeit des Republikaners George W. Bush waren die Vereinigten Staaten in eine tiefe Rezession geraten. Die Kriege in Afghanistan und im Irak, zunächst von großen Mehrheiten im Volk und im Kongress gutgeheißen, hatten das Land finanziell und politisch ausgezehrt – es war Zeit für den Wandel. Den versprach und verkörperte keiner so überzeugend wie ebender Demokrat Obama. Mehr noch: Als erster Schwarzer, den eine der beiden großen Parteien zum Präsidentschaftskandidaten nominiert hatte, schien er sogar befugt zu sein, das große Versprechen abzugeben, mit ihm werde eine neue Epoche von Hoffnung und Harmonie anbrechen – daheim und draußen in der Welt.

Ein halbes Jahr nach der Wiederwahl 2012 ist nun festzuhalten: Obama hat einen Großteil des ihm anvertrauten politischen Kapitals verloren. Es war ihm nie genug, einfach nur bessere Lösungen als seine Gegner anzubieten: Er malte das Sonnenlicht seiner Weisheit an den Nachthimmel der sinistren Durchtriebenheit seiner Vorgänger und Widersacher. Bushs Invasion im Irak bezeichnete er nicht als falschen Krieg, sondern als „dummen Krieg“. Das Gefangenenlager Guantánamo schalt er das „wichtigste Werkzeug zur Rekrutierung von Terroristen“, das zudem Amerikas demokrati… nen schuldig gemacht haben sollen; insgesamt wurden unter Obama doppelt so viele Fälle wegen Verstoßes gegen ein Anti-Spionage-Gesetz aus dem Jahr 1917 verfolgt wie unter allen früheren Regierungen zusammen. Über Ursachen und Hintermänner des Terroranschlags auf das amerikanische Konsulat in der ostlibyschen Stadt Benghasi vom 11. September 2012 hat die Regierung die Bevölkerung in der heißen Phase des Wahlkampfes mit der Behauptung in die Irre geführt, es habe zuvor einen spontanen Protest gegen ein antimuslimisches Video gegeben.

Im Krieg gegen den Terrorismus hatte der Präsident versichert, er werde das verlorene Vertrauen der Welt in Amerika als Schutzmacht der Demokratie wiederherstellen, den Muslimen die Hand zur Versöhnung reichen und Guantánamo rasch schließen. Heute weiß man, dass Obama bis Dezember 2009, als er in Oslo den Friedensnobelpreis entgegennahm, anhand einer geheimen „Kill List“ mehr Drohnenangriffe befohlen hatte als sein Amtsvorgänger in dessen acht Jahre währenden Amtszeit. Obama hat doppelt so viele Terrorverdächtige (und dazu Hunderte Unschuldige) von Drohnen töten lassen, als jemals unter Bush im Gefangenenlager Guantánamo inhaftiert und vernommen wurden.

> Präsident Obama hat Großes verheißen – und vieles nicht halten können. Der Terrorismus ist nicht bezwungen.

In der vergangenen Woche hat Obama den Drohnenkrieg als legal, effektiv und human verteidigt. Nicht zuletzt wegen des Drohneneinsatzes ste… Al Qaida „am Ran…

…rkische Gemeinde will „Migranten-Förder-Gesetz“

…Zuwanderer im Öffentlichen Dienst / Vor dem Integrationsgipfel der Regierung

… Mai. Türkischen Zu… …nten aus anderen … …eutlich mehr Stel… … besetzen. Die… … vor dem In… …der Vorsit… … Kenan Ko… …, er wolle bei… … Vorschlag für ein „G… …g von Migranten“ vorleg…

Die Integra… …uftragte der Bundesregierung, M… Böhmer (CDU) verwies darauf, dass die weitere Öffnung des öffentlichen Dienstes – besonders in den Bereichen Polizei und Pädagogik – bereits zu den Punkten des „Nationalen Aktionsplans Integration“ gehöre, der im Januar 2012 beschlossen wurde. Der SPD-Innenpolitiker Thomas Oppermann sagte dazu: … den. Dafür brauchen wir klare Zielvereinbarungen. Und wir müssen Migranten auf dem Weg in den öffentlichen Dienst besonders fördern und unterstützen.“

Frau Böhmer sagte dieser Zeitung, die Integrationspolitik habe im Laufe der vergangenen Legislaturperiode große Fortschritte gemacht. Man komme von der „nachholenden Integration“ für die früheren Zuwanderergenerationen nunmehr dazu, eine aktive „Willkommens- und Anerkennungskultur zu entwickeln. Diese müsse sich, so Frau Böhmer, auch an Einwanderer aus der EU richten, für die Deutschland zunehmend interessant werde. Umgekehrt brauche Deutschland die qualifizierten Fachkräfte, auch wegen der Überalterung der Gesellschaft. Das sei inzwischen von allen, auch in der Wirtschaft erkannt. Nach Angaben des Kanz… auf etwa 640000 im Jahre 2012. Bei insgesamt etwa einer Million Zuzügen aus dem Ausland sind das etwa zwei Drittel. Allein zwischen 2011 und 2012 ergab sich eine Steigerung um 18 Prozent. „Deutschland ist ein Einwanderungsland“, sagte Frau Böhmer. Es wanderten inzwischen deutlich mehr Bürger zu als weg.

Bei der Integration der EU-Ausländer dürfe man „nicht alte Fehler wiederholen“ und erwarten, sie würden sich schon „von alleine integrieren. Notwendig seien „passgenaue Integrationspläne“, die etwa auch einen Ausbau der Lernmöglichkeiten für Deutsch im EU-Ausland, beispielsweise bei den Goethe-Instituten, vorsehen. Frau Böhmer lobte, dass auch in den Ausländerbehörden eine Perspektivwechsel stattfinde. In Hamburg, Köln und München richte man Wel…

● Notiere die Fachbegriffe Zeitungskopf, Aufmacher, Bildaufmacher, Artikel, Anreißer und Schlagzeile auf einzelne Papierpfeile. Lege die Pfeile auf die entsprechenden Stellen der Titelseite.

● Auf dieser Seite ist eine überregionale Zeitung abgebildet, die in ganz Deutschland gelesen wird. Bringe eine regionale Zeitung aus deiner Gegend mit.

Angebote in Zeitungen und Zeitschriften, in Hörfunk und Fernsehen, auf Ton- und Bildträgern sowie im Netz kennen, nutzen und begründet auswählen

Die Untergrundorganisation

Es war Ende Juli. Jim, Joe, Zacharias und Elene arbeiteten in den Sommerferien als Redakteure für eine Jugendzeitung. Nebenbei waren sie auch als Detektive
5 tätig. Seit geraumer Zeit wunderten sie sich darüber, wie die meistgekaufte Zeitung der Stadt – „Das aktuelle Abendblatt" – es schaffte, ihre Meldungen vor allen anderen Medien
10 zu veröffentlichen. Fast schien es so, als ob die Nachrichten zeitgleich mit den Ereignissen erschienen, von denen sie berichteten.
Eines Abends, als Zacharias und Joe zu
15 später Stunde noch unterwegs waren, sahen sie eine dunkle Gestalt, die sich an einem verfallenen Gebäude zu schaffen machte. Sie versteckten sich hinter einem Busch und beobachteten,
20 was da vor sich ging. Plötzlich bemerkten sie einen hellen Lichtschein, es knisterte und Rauch stieg auf. Das Haus stand in Flammen!
Joe schlug vor, sofort Jim und Elene
25 anzurufen, um ihnen von ihrer Beobachtung zu berichten. Zacharias nahm sein Handy, rief die Feuerwehr an und wählte dann die Nummer ihrer Zentrale – des kleinen Büros, in dem sie
30 arbeiteten. Elene ging ran und konnte kaum glauben, was sie von den beiden erfuhr. „Genau darüber habe ich gerade in der Zeitung gelesen, und zwar in der eben erschienenen Ausgabe vom
35 ‚Aktuellen Abendblatt'!" In diesem Augenblick stolperte Joe über etwas und die Verbindung brach ab. „Oh, das

ist ja eine Brieftasche!", rief er. – „Lass uns reinschauen, um zu sehen, wem sie
40 gehört", schlug Zacharias vor. Die beiden Jungs öffneten das Portemonnaie und fanden einen Ausweis. Er gehörte einer Person namens Smiles Michigan, wohnhaft in der Baker Street 114. „Mensch",
45 grübelte Zacharias, „ob dieser Smiles etwas mit dem Brand zu tun hat? Am besten wir informieren Elene und Jim und treffen uns mit ihnen in der Baker Street, dann können wir uns da mal ein bisschen
50 umschauen."
In der Baker Street 114 angekommen, entdeckten die vier Nachwuchsdetektive einen tiefer gelegenen Eingang. Neben der Klingel hing ein kleines Schild, auf
55 dem das Wort „Untergrundorganisation" zu lesen war. Da die Tür bloß angelehnt war und niemand da zu sein schien, konnten sie ungestört den dahinterliegenden Raum betreten. In einer dunk-
60 len Ecke stand ein großer Schreibtisch, darauf lagen neben einem Computer in wildem Durcheinander Papiere, Ordner, Werkzeuge und Zeitungsartikel.
Am auffälligsten aber war die Drucker-
65 presse, die neben dem Pult stand. Joe guckte sie sich genauer an. In ihr steckte ein Papier. Joe zog daran und fand eine Zeitungsausgabe: Es war das „Aktuelle Abendblatt". Die vier konnten es nicht
70 glauben. Sie hatten den Ort gefunden, an dem die meistverkaufte Zeitung der Stadt gedruckt wurde! Das Allerwichtigste fiel Zacharias in die Hände. Er entdeckte hinter dem Tisch eine Liste,

die mit Daten versehen war. Er las sie
den anderen vor:

> ○ 08.07. Entführung
> ○ 20.07. Banküberfall
> ○ 28.07 Brandstiftung
> ○ 02.08 Mord!

„Das müssen wir verhindern", rief
Elene. Den vier Kindern wurde klar,
dass die Redakteure des Abendblattes
die Verbrechen der vergangenen
Wochen selber begangen hatten, um
die Verkaufszahlen durch die aktuellste
Berichterstattung zu steigern.
Da sagte eine heisere Stimme hinter
ihnen: „Was habt ihr hier zu suchen?".
Die vier wirbelten herum. Vor ihnen
stand ein Mann mit einem Revolver
in der Hand. „Sind Sie Herr Smiles?",
fragte Zacharias zitternd. „Ja, das bin
ich. Wie kommst du darauf?" –

„Dann haben Sie also das Feuer gelegt!
Wir haben Ihre Brieftasche …"
In diesem Augenblick flog die Tür auf
und drei Polizisten betraten den Raum.
„Kommissar Nostigen! Sie kommen
gerade rechtzeitig. Woher wussten Sie,
dass wir hier sind?" Während die zwei
Polizisten Smiles festnahmen, erklärte
der Kommissar den Jungs, dass Elene ihn
benachrichtigt hatte, nachdem Zacharias
und Joe den Ausweis in der Brieftasche
gefunden hatten.
„Da seid ihr einem der meistgesuchten
Verbrecher der Stadt auf die Spur
gekommen. Nun fehlt nur noch das
Beweisstück." – „Das haben wir", sagte
Joe und überreichte ihm die Brieftasche.
Als der Kommissar dann noch einen
Blick auf die Liste warf, war der Fall
für ihn geklärt. „Zum Glück konnte das
Schlimmste verhindert werden!"

Eleonore Grahovac, 8 Jahre

Denken sich Journalisten ihre Meldungen manchmal selbst aus?

Dazu meint die Journalistin Dorothee Nolte:
Ja, immer am 1. April! Dann steht fast in jeder Zeitung eine erfundene Meldung. „Schwedische
Prinzessin heiratet Teddybär", „Zeitreise-Maschine erfunden", „Japaner wird 205 Jahre alt"?
Wer's glaubt, wird selig! Aber an normalen Tagen schreiben Journalisten auf, was sie zu wissen
glauben. Das muss nicht immer die Wahrheit sein. „Auf die Fanmeile kamen 20 000 Besucher"
kann falsch sein, wenn die Polizei am nächsten Tag die Besucherzahl auf 25 000 korrigiert.
Manche Journalisten übertreiben auch gerne ein bisschen, damit eine Nachricht interessanter
wirkt. Wenn sie aber bewusst die Unwahrheit schreiben, sind sie schlechte Journalisten.

● Erkläre einem Partnerkind, was der Kommissar mit dem letzten Satz
der Geschichte meint.

🌈 Wähle den Abschnitt aus, den du am spannendsten findest.
Übe, den Abschnitt vorzulesen.

GEOlino ...

... die gedruckte Kinderzeitschrift

Cover

Anfang des Artikels

🌈 Was hilft dir bei der Auswahl eines Artikels? Begründe.

🌈 Welche Kinderzeitschriften kannst du in deiner Bibliothek ausleihen?

○ Angebote in Zeitungen und Zeitschriften, in Hörfunk und Fernsehen, auf Ton- und
Bildträgern sowie im Netz kennen, nutzen und begründet auswählen
○ sich in einer Bücherei orientieren

AH S. 44/45

... die Website

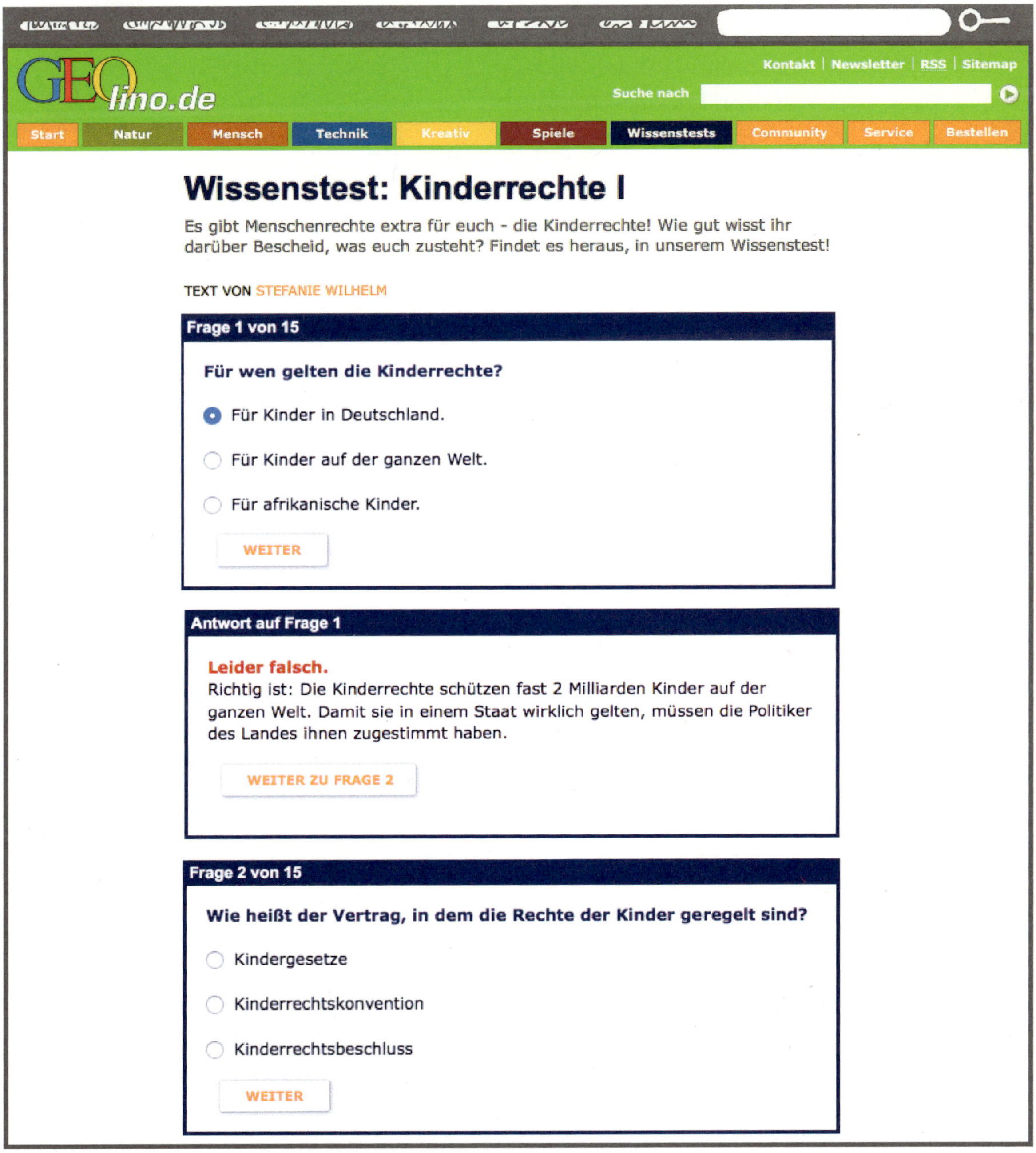

GEOlino.de

Kontakt | Newsletter | RSS | Sitemap

Suche nach

Start | Natur | Mensch | Technik | Kreativ | Spiele | Wissenstests | Community | Service | Bestellen

Wissenstest: Kinderrechte I

Es gibt Menschenrechte extra für euch - die Kinderrechte! Wie gut wisst ihr darüber Bescheid, was euch zusteht? Findet es heraus, in unserem Wissenstest!

TEXT VON STEFANIE WILHELM

Frage 1 von 15

Für wen gelten die Kinderrechte?

- ● Für Kinder in Deutschland.
- ○ Für Kinder auf der ganzen Welt.
- ○ Für afrikanische Kinder.

WEITER

Antwort auf Frage 1

Leider falsch.
Richtig ist: Die Kinderrechte schützen fast 2 Milliarden Kinder auf der ganzen Welt. Damit sie in einem Staat wirklich gelten, müssen die Politiker des Landes ihnen zugestimmt haben.

WEITER ZU FRAGE 2

Frage 2 von 15

Wie heißt der Vertrag, in dem die Rechte der Kinder geregelt sind?

- ○ Kindergesetze
- ○ Kinderrechtskonvention
- ○ Kinderrechtsbeschluss

WEITER

● Vergleiche die beiden GEOlino-Angebote.
Finde Gemeinsamkeiten und Unterschiede.

Magazinseiten

Quiz für Zeitungsexperten

Zeitungsente
- **M** Auto für Zeitungsausträger
- **K** Falschmeldung in einer Zeitung
- **O** besondere Entenart aus China

Zeitungskopf
- **E** Chef der Zeitung
- **F** besonders kluger Artikel
- **L** oberer Teil der Titelseite

Aufmacher
- **A** wichtigster Artikel auf der Titelseite
- **R** Pförtner in der Zeitungsredaktion
- **M** fett gedruckte Zusammenfassung am Anfang eines Artikels

Auflage
- **S** besonderer Tisch für Zeitungsleser
- **R** Anzahl der Zeitungen, die gedruckt werden
- **G** Überschrift eines Artikels

Zeitung in verschiedenen Sprachen

Polnisch   tidning

Englisch   journal

Spanisch   periódico

Schwedisch   newspaper

Französisch   gazeta

Medienberufe

In jedem Beruf ist eine Silbe zu viel. Wenn du die falschen Silben in der richtigen Reihenfolge zusammenfügst, entsteht ein Lösungswort.

Repornachter   Fernsehmoderarichtor

Computersprespielentwicklerin

Fotentografin   Journacherlist

Aufgepasst!

Warum tragen vorsichtige Menschen beim Zeitunglesen einen Sturzhelm?
Weil sie Angst vor den Schlagzeilen haben.

160

1./4. Übung zum Überprüfen der Sinnerwartung
2. Übung zum Aufbau der Sinnerwartung
3. Übung zur Segmentierung

Lösungen S.196

Wie heißen diese Medien richtig?

Das Xumu

Bis man das richtige Material zur Herstellung des Xumu erfunden hatte, dauerte es lange Zeit. Die Chinesen waren es, die das Papier erfanden und somit eine wichtige Voraussetzung für die Herstellung von Xumus schufen. Im Mittelalter musste noch jedes Xumu mit der Hand geschrieben werden.
Erst die große Erfindung des Johannes Gutenberg machte es dann im 15. Jahrhundert möglich, in kurzer Zeit viele Xumus zu drucken.

Das Kivoka

Das Kivoka gibt es schon seit über 100 Jahren. Man kann es über Funk oder Internet empfangen und überall nutzen, z.B. zu Hause, beim Wandern, beim Autofahren. Das Kivoka empfängt Nachrichten und informiert die Menschen über verschiedene Themen. Es bietet aber auch viel Unterhaltung für seine Hörer.

Das Protary

Das Protary ist ein modernes Multitalent. Man kann mit ihm z.B. Filme und Musik abspielen, tolle Fotos machen und Informationen einholen. Das Protary kann als Wecker oder als Terminkalender benutzt werden. Man nutzt es auch, um telefonisch mit anderen in Verbindung zu treten.

Zeilen vertauscht

Immer mehr Menschen ihrem Computer die Zeitung auf lesen heutzutage oder auf ihrem Tablet. Man nennt diese Zeitung E-Paper.

Fachwörter für Internetkenner

ebsite   ink   Such chine

Mai   onli   ch   en

Mitten im „Virtual-Reality-Spiel"?

Als es an einem stürmischen Herbstnachmittag an den Leseclub klopft, ahnen Iris, Rosa und Oliver nicht, dass sie bereits in einem großen Abenteuer stecken. Denn der seltsame Junge vor ihnen kommt aus der Zukunft. Aber die Kinder glauben ihm nicht …

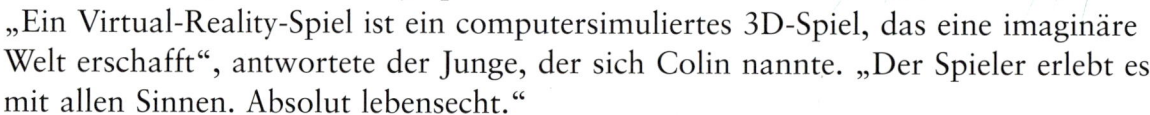

„Du hast vier Minuten und fünfzig Sekunden, um uns zu erklären, wer du bist", sagte Rosa.
„Okay. Kurz und knapp", sagte der Fremde.
„Ich heiße Colin Julio Aaronson-Aiello, aber alle
5 nennen mich einfach nur Colin.
Die Kinder schwiegen. „Also", erklärte der Junge weiter, „ich teste gerade ein neues Virtual-Reality-Spiel. Ich hab's noch nie gespielt, und ich finde es echt spannend." Er lächelte sie an. „End of story."
10 „Nix end of story", sagte Iris streng. „Was genau meinst du mit ‚Virtual-Reality-Spiel'?"
„Ein Virtual-Reality-Spiel ist ein computersimuliertes 3D-Spiel, das eine imaginäre Welt erschafft", antwortete der Junge, der sich Colin nannte. „Der Spieler erlebt es mit allen Sinnen. Absolut lebensecht."
15 Colin beugte sich vor. „Ich kann alles in der imaginären Umgebung sehen, hören, schmecken, spüren und riechen. In diesem speziellen Spiel ist die künstlich erzeugte Welt das frühe 21. Jahrhundert in Berlin, der zweitgrößten Stadt der Europäischen Union*, wenige Jahre vor Beginn des Dark –"

Virtual-Reality-Spiel

Ein Virtual-Reality-Spiel ist ein Computerspiel. Mithilfe einer besonderen 3-D-Brille betritt man eine Spielwelt, die sehr wirklich erscheint. In dieser Welt kann man sich bewegen, handeln und mit anderen Figuren des Spiels in Kontakt treten.

„Stopp mal!", unterbrach Rosa ihn. „Das geht alles
20 viel zu schnell." Sie sortierte ihre Gedanken. „Du willst also damit behaupten, dass wir ein Spiel mit dir spielen?"
„Nein, ich spiel es ganz allein. *Ihr* seid bloß Figuren *in* dem Spiel."
25 „Wir sind *was*?", fragte Rosa.
„Wir sind bloß Figuren in einem Spiel, das er spielt", sagte Iris. „Das ist wie bei einem Videospiel, nur dass der Spieler praktisch in das Spiel hineintritt und mit sämtlichen Figuren in der virtuellen Arena interagiert,
30 als wären sie real. Ist doch nicht so schwer zu kapieren. Das ist die Zukunft des Computerspiels!"
„Dann glaubst du ihm?", fragte Rosa entgeistert.
„Hab ich das gesagt? Ich erkläre euch nur, was *er* behauptet hat."

35 Iris wandte sich an Colin. „Angenommen, es stimmt, dass du ein Spiel spielst.
Wo spielst du es? Wenn wir dir glauben sollen, ist dein Bewusstsein hier bei uns,
aber dein Körper ist irgendwo anders, oder?"

„Genau!", sagte er. „Ja, ich bin im Game-Room des OZI."

„Im Game-Room des OZI?", echote Oliver.

40 Iris brannte offensichtlich darauf, dem Rätsel auf den Grund zu gehen.
„Was ist das?"

Colin stieß einen Seufzer aus. „Die haben mir nicht gesagt, dass ich den Figuren
jede Kleinigkeit erklären muss." – „Okay. OZI. Das ist das Olga-Zhukova-Institut
für Angewandte Physik. OZI."

45 „Nie gehört", sagte Iris.

„Das wundert mich nicht. Olga Zhukova wurde erst 2020 geboren. In Minsk,
Weißrussland."

Oliver sah Iris und Rosa an und malte mit dem Zeigefinger kleine Kreise neben
seiner Schläfe. War der Junge irre, oder war er irre?

50 „Sie war die Erste, die den Neuen Nobelpreis in Physik bekommen hat",
erklärte Colin weiter. „Das war 2096."

„Okay!", sagte Rosa und stand wieder auf. „Das reicht." Sie fing an,
ihre Bücher in ihren Korb zu werfen. „Ich hau ab." Sie zeigte auf Colin.
„Du machst dich über uns lustig."

55 „Tu ich gar nicht!", sagte Colin. „Bitte. Lasst mich wenigstens noch dieses Level
zu Ende spielen."

Holly-Jane Rahlens

*Als das Buch erschien, aus dem dieser Auszug entnommen ist, war London die größte Stadt in der Europäischen Union. Nach dem Austritt Großbritanniens aus der Europäischen Union ist Berlin die größte Stadt.

● An welchen Stellen findest du Informationen zu Virtual-Reality-Spielen?

● Warum ist dieser Text eine echte Lese-Herausforderung?
Begründe.

● Suche weitere Bücher zum Thema **Computer** in der Bibliothek.

○ gezielt einzelne Informationen suchen
○ die eigene Lese-Erfahrung beschreiben und einschätzen
○ sich in einer Bücherei orientieren

Medienzeiten bei uns zu Hause

Abends darf ich fernsehen, auf dem Tablet oder am Computer spielen. Tagsüber mögen das meine Eltern weniger. Aber wenn ich was mit meinem Smartphone mache, haben sie nichts dagegen. Es gibt eine Regel, an die sich bei uns alle halten: Wenn wir zusammen essen, dann sind alle Geräte aus – auch die von meinen Eltern!

Yannis

Ich wohne bei meiner Mutter. Abends ist bei uns Medienzeit. Da spiele ich fast immer mein Lieblingscomputerspiel auf dem Tablet. Dann skype* ich meistens mit meinem Vater, der in Marokko lebt. Vor dem Einschlafen höre ich manchmal Hörspiele. Das finde ich sehr gemütlich. Ich wünsche mir ein Smartphone, bekomme aber erst eins in der fünften Klasse.

Zhour

Bei uns gibt es keine festen Regeln oder Zeiten, wann und wie lange meine Schwester und ich fernsehen oder am Computer spielen dürfen. Ich habe einen eigenen Fernseher in meinem Zimmer und schaue meistens ein bisschen, wenn ich nach der Schule nach Hause komme. Nachmittags treffe ich mich manchmal mit meinen Freunden, und wir spielen zusammen an der Playstation.

Oscar

Auf meinem Smartphone kann ich Musikvideos und lustige Filme gucken. Das mache ich gern am Nachmittag oder wenn meine Freundinnen zu Besuch sind. Abends lese ich lieber. Schön ist es, wenn wir am Wochenende mit der Familie gemeinsam einen Film schauen. Obwohl es vorher oft Streit gibt, was geguckt werden soll, ist es richtig gemütlich, wenn wir alle zusammengekuschelt auf dem Sofa sitzen.

Anna

* über das Internet telefonieren

● Übe mit einem Partnerkind, den Text flüssig vorzulesen.

◉ Welche Regeln gibt es in deiner Familie für den Umgang mit Medien? Tausche dich mit deinem Partnerkind aus.

164

◗ altersgemäße Texte sinnverstehend lesen – **Basis**
◗ eigene Gedanken zu Texten entwickeln, zu Texten Stellung nehmen und mit anderen über Texte sprechen

Nachrichten aus der Medienwelt

Verzettelt?

Jetzt auch noch das Klopapier! Die 65 Mitarbeiter der niederländischen Computerfirma Decos hatten es geahnt. Schließlich hatte es am Hauptsitz ihres Unternehmens in Noordwijk schon vor drei Jahren begonnen: Seither gibt es dort keine Akten oder Ordner mehr, weder Visitenkarten noch Notizblöcke.

Alle Dokumente werden am Computer getippt, bearbeitet, gespeichert. Die Post kommt per E-Mail. Und auf den Toiletten heißt es nun eben spülen statt wischen …

Auch wenn das nach Schikane klingt – Geschäftsgründer Paul Veger will mit seinem papierlosen Büro Gutes tun: Pro Jahr spart er einen Baum pro vier Mitarbeiter. „Einen halben Wald haben wir damit schon gerettet", sagt er. Inzwischen sind 99 Prozent aller Zettel aus dem Gebäude verschwunden. Nur ein einziger Papierkorb steht noch herum. Taschentücher bei Schnupfen sind nämlich weiterhin noch erlaubt.

GEOlino

Neben der Spur

Sie donnern gegen Straßenschilder oder verschwinden gar in offenen Gullys – Fußgänger, die ständig auf ihr Handy starren, leben gefährlich. Allein in den USA landen deshalb jährlich mehr als 1000 Menschen in der Notaufnahme.

Auch in China heißt es vielerorts: rumklicken statt hochblicken. In dem Land werden weltweit die meisten Smartphones verkauft. Ein spezieller Gehweg in der Millionenstadt Chongqing soll abgelenkte Handynutzer jetzt unfallfrei ans Ziel bringen. Auf einer Extraspur geben weiße Pfeile oder Markierungen die Marschrichtung vor.

Ob die 50 Meter lange Teststrecke Zusammenstöße verhindert, wird sich zeigen. Wenn nicht, können es die Chinesen mit einer älteren Methode aus London versuchen: Dort wurden Laternenpfähle gepolstert.

GEOlino

🔴 Übe mit einem Partnerkind, den Text flüssig vorzulesen.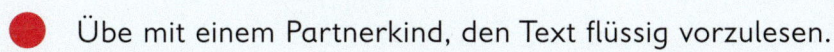

🌈 Wo kann man weitere interessante Nachrichten aus der Medienwelt finden? Tausche dich mit deinem Partnerkind aus.

◐ altersgemäße Texte sinnverstehend lesen – **Erweiterung**
◑ Angebote in Zeitungen und Zeitschriften, in Hörfunk und Fernsehen, auf Ton- und Bildträgern sowie im Netz kennen, nutzen und begründet auswählen

165

Zeitungsschlappen-Bastelei

Du brauchst:

- zwölf Zeitungsseiten für die Schuhsohlen,
- vier halbe Zeitungsseiten für die Riemen,
- Filzstift, Tacker, Klebeband, Schere.

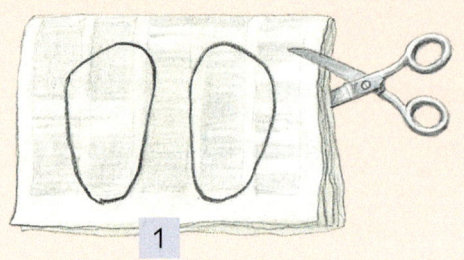
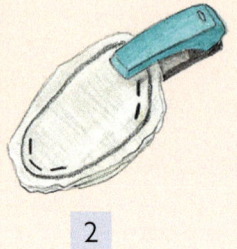
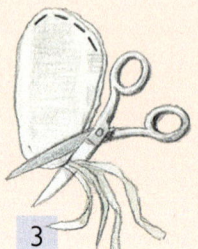

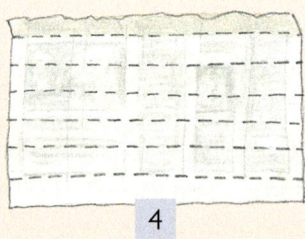
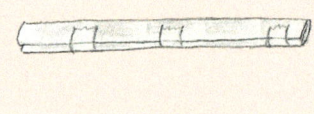

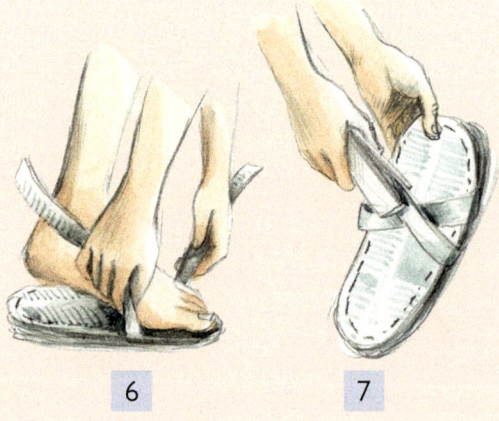
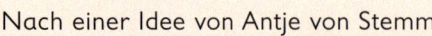

Nach einer Idee von Antje von Stemm

 Bastle dir ein paar Zeitungsschlappen.

Für Krimiliebhaber und Gruselfans

das schwarze geheimnis
ist   hier
hier   ist
das schwarze geheimnis

Eugen Gomringer

Schwerpunkt-Bildungsstandards in diesem Kapitel:
- Kinderliteratur kennen: Werke, Autoren und Autorinnen, Figuren, Handlungen
- die eigene Lese-Erfahrung beschreiben und einschätzen

So kannst du eine Autorin/einen Autor mit einem Lapbook vorstellen

Schritt 1: Informationen über die Autorin/den Autor sammeln und auswählen

Du kannst folgende Informations-quellen nutzen:

- die Homepage der Autorin/ des Autors
- eine Kinder-Suchmaschine
- ein Lexikon
- die Bücher der Autorin/ des Autors

Wähle Informationen und Bild-material aus, die für dich wichtig, interessant und verständlich sind.

Wie suchst du im Internet?

Ich gebe **Erich Kästner** und **Kurzbiografie** bei www.blinde-kuh.de ein.

> Ein Lapbook ist eine Mappe, auf der zu einem bestimmten Thema Informationen und Bilder gesammelt und geordnet werden.

Schritt 2: die Autorin/den Autor mit einem Lapbook vorstellen

Die Informationen zu einer Autorin/ einem Autor kannst du nach folgen-den Bereichen ordnen und gestalten:

- **Lebensweg:** in einem Stufenbuch oder Wickelbuch
- **Besonderheiten aus dem Leben:** in einem Kreuzklappbuch oder in einem Umschlag mit Kärtchen
- **bekannte Werke:** in einem Leporello oder einer Drehscheibe
- **dein Lieblingsbuch:** in einem Guckloch oder Pop-up
- **berühmte Zitate:** in einem Briefumschlag oder Fächer

Füge die Teile zu einem Lapbook zusammen.

Gestatten: Erich Kästner

- wurde 1899 in Dresden geboren
- begann mit 14 Jahren eine Ausbildung zum Lehrer
- studierte ab 1919 Geschichte, Germanistik, Philosophie und Theaterwissenschaft
- schloss 1925 seine Doktorarbeit ab
- lebte ab 1927 in Berlin
- schrieb Zeitungsartikel, Gedichte und Bücher für Kinder und Erwachsene
- 1933 wurden seine Bücher von den Nazis verbrannt
- zu seinen bekanntesten Kinderbüchern gehören:
  „Emil und die Detektive" (1929)
  „Pünktchen und Anton" (1931)
  „Das fliegende Klassenzimmer" (1933)
  „Das doppelte Lottchen" (1949)
  „Der kleine Mann und die kleine Miss" (1967)
- starb 1974 in München

> Moral
>
> Es gibt nichts Gutes, außer: Man tut es.

> Wer lesen kann, hat ein zweites Paar Augen, und er muss nur aufpassen, dass er sich dabei das erste Paar nicht verdirbt.

Ich las und las und las. Kein Buchstabe war vor mir sicher. Ich las Bücher und Hefte, Plakate, Firmenschilder, Namensschilder, Prospekte, Gebrauchsanweisungen und Grabinschriften, Tierschutzkalender, Speisekarten, Mamas Kochbuch und Ansichtskartengrüße.

Ich las, als wär es Atemholen. Als wär ich sonst erstickt. Es war eine fast gefährliche Leidenschaft. Ich las, was ich verstand und was ich nicht verstand. „Das ist nichts für dich", sagte meine Mutter, „das verstehst du nicht!" Ich las es trotzdem. Und ich dachte: Verstehen denn die Erwachsenen alles, was sie lesen?

> Erschreckt nicht, wenn etwas schiefgeht. Macht nicht schlapp, wenn ihr Pech habt. Haltet die Ohren steif! Hornhaut müsst ihr kriegen!

🌈 Stelle Erich Kästner in einem Lapbook vor. Wähle einen oder mehrere Bereiche aus und ordne und gestalte die Informationen. Nutze Schritt 2 von Seite 168.

🌈 Welche Autorin/welchen Autor magst du besonders?
Tausche dich mit einem Partnerkind dazu aus.

Emil und die Detektive

Erich Kästner gelang 1929 mit dem Buch „Emil und die Detektive" der erste große Erfolg als Kinderbuchautor. Das Buch handelt von Emil, der eigentlich ein Musterknabe und Landei ist. Doch als es Emil nach Berlin verschlägt, zeigt er, was alles in ihm steckt: Mit einer Kinderbande jagt er den Verbrecher Grundeis.

Als Gustav und der Professor die Bank betraten, stand der Mann im steifen Hut bereits an einem Schalter, an dem ein Schild mit der Aufschrift „Ein- und Auszahlungen"
5 hing, und wartete ungeduldig, dass er an die Reihe käme. Der Bankbeamte telefonierte. Der Professor stellte sich neben den Dieb und passte wie ein Schießhund auf. Gustav blieb hinter dem Mann
10 stehen. Dann kam der Kassierer an den Schalter und fragte den Professor, was er wolle.
„Bitte sehr", sagte der, „der Herr war vor mir da." – „Sie wünschen?", fragte der
15 Kassierer nun Herrn Grundeis. „Wollen Sie mir, bitte schön, einen Hundertmarkschein in zwei Fünfziger umtauschen und für vierzig Mark Silber geben?", fragte dieser, griff sich in die Tasche und legte einen
20 Hundertmarkschein und zwei Zwanzigmarkscheine auf den Tisch.
Der Kassierer nahm die drei Scheine und ging damit zum Geldschrank. „Einen Moment!", rief da der Professor laut. „Das
25 Geld ist gestohlen!" – „Waaas?", fragte der Bankbeamte erschrocken, drehte sich um; seine Kollegen, die in den anderen Abteilungen saßen und kopfrechneten, hörten auf zu arbeiten und fuhren hoch, als
30 hätte sie eine Schlange gebissen. „Das Geld gehört gar nicht dem Herrn. Er hat es einem Freund von mir gestohlen und will es nur umtauschen, damit man ihm nichts nachweisen kann", erklärte der Professor.
35 „So was von Frechheit ist mir in meinem ganzen Leben noch nicht vorgekommen", sagte Herr Grundeis, fuhr, zum Kassierer gewandt, fort: „Entschuldigen Sie!", und gab dem Professor eine schallende Ohrfeige.
40 „Dadurch wird die Sache auch nicht anders", meinte der Professor und landete bei Grundeis einen Magenstoß, dass der Mann sich am Tisch festhalten musste. Und jetzt hupte Gustav dreimal entsetzlich laut.
45 Die Bankbeamten sprangen auf und liefen neugierig nach dem Kassenschalter.
Der Herr Depositenkassenvorsteher stürzte zornig aus seinem Zimmer. Und – durch die Tür kamen zehn Jungen gerannt, Emil allen
50 voran, und umringten den Mann mit dem steifen Hut.
„Was, zum Donnerkiel, ist denn mit den Bengels los?", schrie der Vorsteher.
„Die Lausejungen behaupten, ich hätte
55 einem von ihnen das Geld gestohlen, das ich eben Ihrem Kassierer zum Wechseln einzahlte", erzählte Herr Grundeis und zitterte vor Ärger.
„So ist es auch!", rief Emil und sprang an
60 den Schalter. „Einen Hundertmarkschein und zwei Zwanzigmarkscheine hat er mir gestohlen. Gestern Nachmittag. Im Zug, der von Neustadt nach Berlin fuhr! Während ich schlief." –
65 „Ja, kannst du das denn auch beweisen?", fragte der Kassierer streng.

Verfilmung von 1931

Verfilmung von 1954

Verfilmung von 2001

„Ich bin seit einer Woche in Berlin und war gestern von früh bis abends in der Stadt", sagte der Dieb und lächelte höflich. „So
70 ein verdammter Lügner!", schrie Emil und weinte fast vor Wut. „Kannst du denn nachweisen, dass dieser Herr hier der Mann ist, mit dem du im Zug saßest?", fragte der Vorsteher. „Das kann er natürlich nicht",
75 meinte der Dieb nachlässig. „Denn wenn du allein mit ihm im Zug gesessen haben willst, hast du doch keinen einzigen Zeugen", bemerkte einer der Angestellten. Und Emils Kameraden machten betroffene Gesichter.
80 „Doch!", rief Emil. „Doch! Ich hab doch einen Zeugen! Er heißt Frau Jakob aus Groß-Grünau. Sie saß erst mit im Coupé. Und stieg später aus. Und sie trug mir auf,

Herrn Kurzhals in Neustadt herzlich von ihr
85 zu grüßen!" – „Es scheint, Sie werden ein Alibi erbringen müssen", sagte der Depositenkassenvorsteher zu dem Dieb. „Können Sie das?" – „Selbstverständlich", erklärte der. „Ich wohne drüben im Hotel
90 Kreid …" –
„Aber erst seit gestern Abend", rief Gustav. „Ich hab mich dort als Liftboy eingeschlichen und weiß Bescheid, Mensch!" Die Bankbeamten lächelten ein wenig und
95 gewannen an den Jungen Interesse. „Wir werden das Geld am besten vorläufig hierbehalten, Herr …", sagte der Vorsteher und riss sich von einem Block einen Zettel ab, um Namen und Adresse zu notieren.

Erich Kästner

🔴 Erich Kästner verarbeitet in seinem Roman Erinnerungen aus seiner Kindheit. Welche findest du in diesem Buchauszug?
 • Erich Kästner turnte in seiner Freizeit in einem Turnverein.
 • Ein Spielgefährte von Erich Kästner hieß Gustav Kießling.
 • Als Junge zahlte er für seine Tante oft Geld auf der Bank ein.

🔴 Informiere dich, wie oft das Buch verfilmt wurde.

⊙ Kinderliteratur kennen: Werke, Autoren und Autorinnen, Figuren, Handlungen
⊙ Informationen in Druck- und – wenn vorhanden – elektronischen Medien suchen

171

Fünf Freunde und das Burgverlies

Kinofilm „Fünf Freunde" von 2012

Eine erfolgreiche Reihe …

Es dreht sich alles um George (die eigentlich ein Mädchen ist), Julius, Richard, Anne und Tim, einen Hund. Die Abenteuer der **Fünf Freunde** gehören zu den erfolgreichsten Kinderbuchreihen, die es jemals gegeben hat: Seit 1953 erscheinen in regelmäßiger Folge immer neue Bände unter dem Namen der Autorin Enid Blyton. Dabei stammen nur die ersten 21 Bände von ihr selbst. Seit ihrem Tod 1968 setzen andere Autoren die Reihe unter dem Namen „Enid Blyton" fort. Die Fünf Freunde wurden weltweit in zahlreiche Sprachen übersetzt, und es gibt sie in Form von Hörspielen, Fernsehserien und Kinofilmen. Der Band **Fünf Freunde und das Burgverlies** wurde 1965 von Enid Blyton selbst geschrieben.

„Wir sind da", flüsterte Julius und seine Worte wanderten durch das Dunkel und kamen als Echo zurück: „… da-da-da!"

„Kommt mit, aber vorsichtig!", sagte Julius. „Außer Metall wird alles sofort zu Staub zerfallen. Einmal niesen und alles löst sich in Wohlgefallen auf." –

5 „Bring mich nicht zum Lachen, Ju", bat Richard.

„Lachen ist hier genauso gefährlich und deshalb verboten."

Hohe, dunkle Gewölbe lagen vor ihnen, die nicht nach Verliesen aussahen.

„Gott sei Dank!", sagte Harriet. Sie hatte wie Anne befürchtet, dass sie Gebeine elend umgekommener Gefangener finden würden.

10 „Seht, hier ist ein Durchgang." Der Schein von Georgs Taschenlampe huschte über die Wand rechts von ihnen. „Und dort ist noch einer. Gehen wir mal durch und sehen, was dahinter ist? Hier in der Halle ist doch nichts als Staub und Schmutz und modrige Luft."

Hinter den beiden Bogentüren lag ein großer Raum. An den Wänden entlang

15 türmten sich undefinierbare Geräte aller Art in wildem Durcheinander. Der Staub von Jahrhunderten lag wie eine Decke darüber. Mit angehaltenem Atem steuerten die Kinder darauf zu.

„Ob wertvolle Sachen dabei sind?", flüsterte zuerst Anne und dann viele Male das Echo.

20 „Komisch. Wenn man flüstert, ist das Echo stärker als bei normaler Stimme", sagte Julius. „Was ist denn das?"

Vor ihm auf dem Boden lag unter einer Staubschicht ein welliges Etwas, das bei flüchtigem Betrachten aussah wie flüssiges, schwarz gewordenes Metall.

Julius beugte sich hinunter und betrachtete es genau. „Wisst ihr, was es ist?", rief
25 Julius staunend. „Eine Rüstung! Noch fast unversehrt, trotz ihres hohen Alters. Und da ist noch eine und noch eine! Schaut euch doch nur diese Helme an! Herrlich! – Echte alte Ritterhelme!"

„Glaubst du, das ist was Wertvolles?", fragte Harry zweifelnd. – „Wahrscheinlich dein Gewicht in Gold!", versicherte Julius.

30 „Julius, schnell!", rief Harriet. „Hier ist eine Kiste!" Die anderen zwangen sich, langsam zu Harriet hinüberzugehen. Sie wussten inzwischen, dass jede schnelle Bewegung Wolken von feinem Staub aufwirbelte. Harriet stand vor einer großen, schwarzen Holzkiste mit Eisenbeschlägen an den Ecken und Eisenbändern um die Mitte.

35 „Was glaubt ihr, was da drin ist?", flüsterte sie, und „drinist-drinist-ist-st" flüsterte es aus allen Ecken zurück.

Enid Blyton

Enid Blyton (1897–1968)

Sie wurde am Ende des 19. Jahrhunderts in London geboren: Enid Blyton, eine der erfolgreichsten Kinderbuchautorinnen der Welt. Aufgewachsen ist sie in der englischen Grafschaft Kent. Mit vierzehn Jahren hat sie erste Gedichte geschrieben, bald auch Bücher – die aber keiner veröffentlichen wollte. So wurde Enid Blyton erst einmal Kindergärtnerin. Als sie später erfolgreich war, ließ sie ein Zimmer ihres Hauses mit 300 Absage-Briefen von Verlagen tapezieren. Ihr erstes Buch erschien 1922. Diesem folgten rund 700 weitere Bücher. Man schätzt, dass in aller Welt über eine halbe Milliarde Bücher von Enid Blyton in zahlreichen Sprachen verkauft wurden.

🌈 Lies Zeile 32–36 noch einmal. Was könnte in der Kiste sein? Beschreibe deine Vermutungen einem Partnerkind oder mache eine Zeichnung.

🔴 Welche Informationen über Enid Blyton würdest du im Lapbook den **Besonderheiten aus dem Leben** zuordnen?

🌈 Welche Buchreihen liest du besonders gern? Tauscht euch darüber in einer Lesekonferenz aus.

○ eigene Gedanken zu Texten entwickeln, zu Texten Stellung nehmen und mit anderen über Texte sprechen
○ Kinderliteratur kennen: Werke, Autoren und Autorinnen, Figuren, Handlungen
○ die eigene Lese-Erfahrung beschreiben und einschätzen   AH S. 48/49   173

Krimi

Es lebte einst in _____
ein netter, kleiner Heidelzwerg;
der kam in dringenden Verdacht,
er habe heimlich und bei _____
den Bürgermeister ausgelacht.
Der Heidelzwerg zog schließlich fort,
lebt jetzt an einem andern Ort.
Zurzeit wohnt er in _____,
und dort nennt er sich Hamzwurg.

Karlhans Frank

Hamburg

Heidelberg

Nacht

Tag

Wie viel Mal steckt „Krimi" drin?

IMKRIMIMITDERIRMIIMKINOKRIMIKRASS

Kurzkrimi

Kommissar Kniepels 62. Fall:
Das Testament

Ein guter Bekannter von Kommissar Kniepel ist gestorben.
Dessen Sohn hat vom Notar einen Brief erhalten.
Im verschlossenen Tresor
soll sich das Testament
für die Erbschaft befinden.
Findest du auch die
Zahlenkombination heraus?

Nach Detlef Kersten

1 ? ? ? ?

Mein Sohn, ich zweifle nicht, dass dich dein Spürsinn in einem Viertelstündchen zu der richtigen Zahlenkombination meines Tresors führt. Wer seine Fantasie benutzt, dem wird es gelingen!
Dein Vater

ein S

So, so - eins.
Verstehe!

---

1. Übung zum Aufbau der Sinnerwartung
2. Übung zur Segmentierung
174   3. Übung zum Überprüfen der Sinnerwartung   **Lösungen** S.196

Verschlüsselte Botschaft in Geheimsprache

LEWOPINUR HEMALÜROS DESIKEPAN EL HOKEMUR FARTIN AL GOMRINU WENLUDIR ENDIWUS GUFAROKEL ZIGUSERIN.

Galerie des Grauens

Welches ist das Porträt von Graf Gruselig? A

| A | B | C | D | E |

Die Gemälde von Graf und Gräfin Grauenvoll hängen nebeneinander. Baron Borstig und Baronin Blutegel sind durch zwei andere Gemälde getrennt. Baron Borstig hängt nicht ganz links.

Vampiriges aus der Vampirspeisekammer

Da hat sich immer ein Vampir versteckt!

Würvammerlunpirgen

Flevamderpirmausleber

Froschpirauvamgen

Spinvamnenohpirren

Tavamrantelpirherz

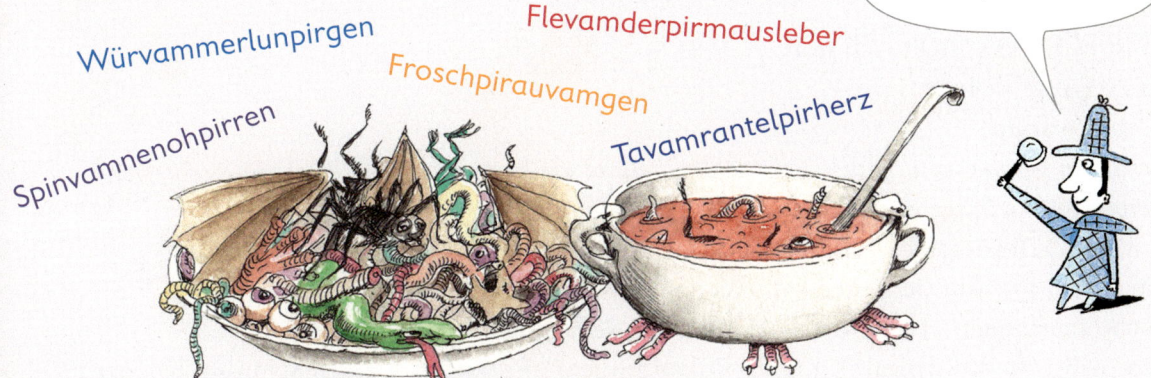

Schritte im Treppenhaus

In Band 3 der Reihe mit dem tiefbegabten Rico und dem hochbegabten Oskar wohnen die beiden Freunde in einem Haus. Ein neues Abenteuer beginnt, als sie einen Toten im Treppenhaus finden. Es ist der grummelige Fitzke. Der Alte hat Rico seine geliebte Steinsammlung vererbt, über die sich der Junge auch sehr freut. Aber dann stellen Rico und Oskar fest, dass Ricos Lieblingsstein gestohlen wurde. Nun beginnt die Suche nach dem Dieb.

Als wir die Wohnung verlassen wollten und ich im Flur die
Hand schon am Türgriff hatte, erklangen aus dem Treppenhaus
Schritte. Sie kamen nach oben und waren schon fast bei uns im
Dritten. Ich zog die Hand wieder zurück.

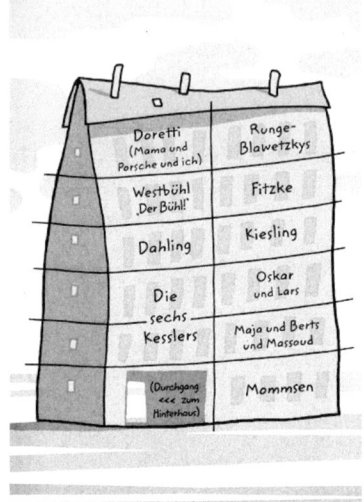

5 „Das müssen die RBs sein", flüsterte ich Oskar zu.
Ich blinzelte durch den Türspion. Oskar reckte den Hals. Selber
durch den Spion gucken konnte er nicht, dafür war er zu klein.
„Und?"
Er flüsterte automatisch, wie man es immer tut, wenn man
10 jemanden heimlich beobachtet. Ich flüsterte zurück.
„Weiß nicht. Ist total dunkel."
„Ist das Licht kaputt?"
„Keine Ahnung. Vorhin ging es doch noch."
Oskar zog eine Klappe von der Bommelmütze hoch und presste
15 sein Ohr an die Tür.
Ich lauschte ebenfalls. Die Schritte von einer einzelnen Person bewegten sich draußen an der
Tür vorbei und weiter nach oben. Im Vierten machten sie halt. Da waren die Wohnungen von
Bühl und von Fitzke. Ein Schlüssel klackerte und wurde langsam in einem Schloss umgedreht.
Tür auf, Tür zu, fast unhörbar leise. Wir guckten beide zur Decke rauf. Von da oben, direkt
20 über uns, kam nichts.
„Der Bühl kann es also schon mal nicht sein", sagte Oskar, was ich ziemlich schwach fand
für einen Hochbegabten. Er wusste schließlich, dass der Bühl irgendwo im Indischen Ozean
unterwegs war.
„Also ist es Fitzke", stellte ich fest.
25 „Ehm … Fitzke ist tot."
„Ach, und warum –"
– *ist er dann gerade nach Hause gekommen?*, hätte ich beinahe gesagt. Was mit Sicherheit
die tiefbegabteste Frage des Jahres gewesen wäre.
„Oh, Mann!", flüsterte ich. „Los, zurück ins Wohnzimmer!"
30 Wir spurteten los. Am sichersten sah das Sofa aus. Wir sprangen drauf und setzten
uns dicht aneinander. „Das muss ein Einbrecher sein", sagte ich leise.
„Woher willst du das wissen?", raunte Oskar zurück. „Er hat doch einen Schlüssel benutzt."

„Ach, welchen denn? *Ich* habe den Schlüssel zu Fitzkes Wohnung! Weißt du nicht mehr?
Ich hab ihn eingesteckt, als wir seine Leiche gefunden haben."

35 „Hast du ihn noch?"

„Klar hab ich ihn noch. In unserer Wohnung."

„Wir könnten ihn holen und nachsehen", schlug Oskar vor.

„Hast du sie noch alle? Und wenn das ein Killer ist?"

„Was für ein Killer?"

40 „Einer wie Hannibal Lecter."

„Es gibt keine Killer wie …"

Oskars Stimme wurde immer dünner und immer leiser. Er guckte kurz zum dunklen Fernseher, als wünschte er sich das behagliche Kaminfeuer zurück. Mit einer Hand fischte er nach
Frau Dahlings Wolldecke und zog sie sich bis unters Kinn.

45 „Rück mal ein Stück", flüsterte ich. Ich schob mich neben ihn unter die Decke und wir
drückten uns noch enger aneinander als zuvor. Wir warteten schweigend eine Minute.

„Der Mommsen hat auch einen Schlüssel, oder?", sagte Oskar. „Er hat doch am Montag die
Polizei in die Wohnung gelassen, nachdem wir Fitzke gefunden hatten, und am Donnerstag
den Bestatter, als der passende Klamotten für Fitzke geholt hat."

50 „Ja, aber eben im Treppenhaus, das war nicht der Mommsen."

„Vielleicht ist er inzwischen weg", flüsterte ich.

„Nee", flüsterte Oskar zurück.

„Sollen wir noch mal durch den Türspion gucken?"

„Nee."

55 „Wir könnten morgen früh nachsehen, ob bei Fitzke irgendwas fehlt. Wenn es hell ist.
Nach dem Frühstück. Oder willst du lieber sofort …?"

„Nein."

Die Vorstellung, in Fitzkes Wohnung zwischen tausend schweigenden Steinen womöglich auf
Hannibal Lecter zu treffen, der mich nur kurz freundlich anlächelte, bevor er sich selber

60 Guten Appetit wünschte, war einfach zu schrecklich.

„Aber sollten wir nicht lieber jetzt gleich die Polizei rufen?"

„Das gibt nur unnötigen Stress", sagte Oskar. „Ich meine, was soll es denn bei Fitzke schon
zu holen geben, außer ein paar wertlosen Steinen?"

Andreas Steinhöfel

● Suche zwei Textstellen heraus, die du besonders
spannend findest.
Tausche dich mit einem Partnerkind dazu aus.

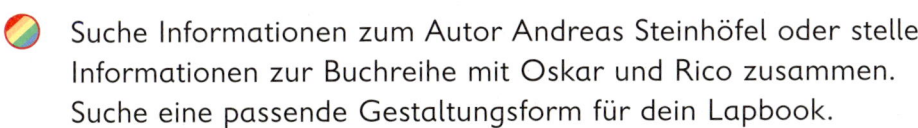

● Suche Informationen zum Autor Andreas Steinhöfel oder stelle
Informationen zur Buchreihe mit Oskar und Rico zusammen.
Suche eine passende Gestaltungsform für dein Lapbook.

Graf Dracula und sein Floh

Graf Dracula
Graf Dracula
Sie haben einen Floh im Haar!

> Das schert mich nicht
> das schert mich nicht
> er teilt mit mir mein Leibgericht.

Ihr Leibgericht?
Ihr Leibgericht
sind Knoblauchzehen oder nicht?

> Mach dir nur Mut
> ja, mach dir Mut
> ich mag nichts anderes als Blut.

Ihr Floh im Haar
ihr Floh im Haar
mag auch nur Blut, Graf Dracula.

> Er trinkt nicht meins
> er trinkt nicht meins
> das Blut das er bekommt ist deins.

Mein Blut? Wieso?
O je wieso
Herr Graf? Sie haben doch den Floh!

> Ich beiß vorher
> ich beiß vorher
> in deinen Hals und saug dich leer.

Es tut mir leid
tut mir ja leid
doch hab ich leider keine Zeit.

> Das geht ganz fix
> es geht ganz fix
> und wenn ich beiße merkst du nix.

Was dann geschah
was jetzt geschah
weiß lediglich Graf Dracula
mitsamt dem Floh in seinem Haar.

Jan Koneffke

● Übe mit einem Partnerkind, den Text flüssig vorzulesen.

🌈 Trage das Gedicht als Rap vor.

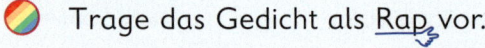

◐ altersgemäße Texte sinnverstehend lesen – **Basis**
◐ handelnd mit Texten umgehen: z.B. illustrieren, inszenieren, umgestalten, collagieren

Vier Fakten rund um Dracula

1. Dracula gab es wirklich.

Vlad III. lebte im 15. Jahrhundert in Transsilvanien (Siebenbürgen) im heutigen Rumänien. Er führte viele Kriege und galt als unerschrockener, brutaler Feldherr. Dies brachte ihm seinen Beinamen Drăculea (dracul = Drache, Teufel) ein. Zeitgenossen beschreiben seinen furchterregenden Gesichtsausdruck.

2. Dracula wohnte nicht im Draculaschloss.

Das rumänische Schloss Bran wird als *das* „Dracula-schloss" bezeichnet. Dieses Schloss gibt es zwar wirklich, aber Vlad III. wohnte nicht darin. Heute ist Schloss Bran eine Touristenattraktion.

Der echte Dracula:
Porträt von Vlad III.

Dracula als Filmheld: Einstellung aus dem Film „Nosferatu – Eine Symphonie des Grauens"

3. Dracula wurde zu einer Romanfigur.

1897 erschien der berühmte Schauerroman „Dracula" von Bram Stoker. Bei der Suche nach Ideen stieß der Schriftsteller auf den Gewaltherrscher Vlad III. Das ferne Land Transsilvanien schien ihm eine passende Heimat für einen Vampirfürsten zu sein, und der blutrünstige Vlad III. war ihm ein willkommenes Vorbild.

4. Dracula wurde zum Filmhelden.

Im Jahr 1922 wurde der Roman „Dracula" unter dem Titel „Nosferatu – Eine Symphonie des Grauens" erstmals verfilmt. Diesem Stummfilm folgten über 20 verschiedene Tonfilme. Bekannt wurde unter anderem der Film „Nosferatu – Phantom der Nacht" von Regisseur Werner Herzog aus dem Jahr 1979.

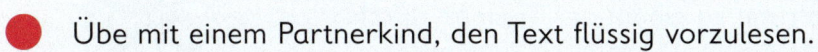

Übe mit einem Partnerkind, den Text flüssig vorzulesen.

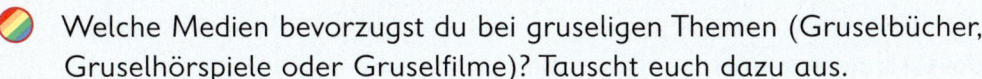

Welche Medien bevorzugst du bei gruseligen Themen (Gruselbücher, Gruselhörspiele oder Gruselfilme)? Tauscht euch dazu aus.

Welcher Gruseltyp bist du?

Gruselige Figuren

Welche Figur flößt dir
besonders Angst ein?

- [X] Dracula
- [X] Zombie
- [ ] Skelett
- [ ] Monster
- [ ] Gespenst
- [ ] Vogelspinne
- [ ] …

Anti-Grusel-Rezepte

Was tust du gegen deine Gruselangst?

- [ ] Hühnergötter am Strand sammeln
- [ ] Traumfänger über das Bett hängen
- [ ] Mutmach-Püppchen unters Kissen legen
- [ ] eine Taschenlampe bereithalten
- [ ] Schokolade essen
- [ ] …

Gruselgeräusche

Ich finde es gruselig, wenn …

- [ ] Türen oder Dielen knarren.
- [ ] Betten quietschen.
- [ ] das Schlüsselbund rasselt.
- [X] Schritte schlurfen.
- [ ] …

Gruselspeisen für ein Mitternachtsbüfett

Welche Speisen ekeln dich am meisten?

- [ ] Blubberschlamm
- [X] Raupencocktail
- [ ] Würmerspagetti
- [ ] Rosinenfliegensuppe
- [ ] Lakritzschneckensalat
- [ ] …

Grusel-Lesehitliste

Welches Buch gruselt dich am meisten?

- [ ] Die drei ???
- [X] Stadt der Vampire
- [ ] Die drei Vampirschwestern
- [ ] …

★ Führe eine Gruselumfrage zu einem der Themen durch.
Stelle das Ergebnis als Tabelle oder Diagramm dar.
Oder:
Denke dir eine eigene Gruselumfrage aus.

Im Sommer

Sommerabend

Die Himmelswiese
ist leer
Der rote Ball
hat sich
schläfrig verdrückt

Er will nicht mehr
spielen

Anne Steinwart

So kannst du mithilfe von Textstellen genau begründen und erklären

Schritt 1: die Frage oder die Aussage zum Text genau lesen
Finde wichtige Wörter. Unterstreiche sie.

Nutze bei der Arbeit im Buch eine Folie!

Die Geschichte spielt <u>im Sommer</u>.
Stimmt das?

Schritt 2: nach einer passenden Textstelle suchen
Suche im Text nach einer oder mehreren Stellen,
die zur Frage oder zum Text passen könnten.
Kennzeichne diese Stelle.

Er war acht Jahre alt und viel allein,
besonders jetzt in den großen <u>Ferien</u>.

Schritt 3: prüfen, ob die Textstelle die Frage beantwortet oder die Aussage belegt
Prüfe: Belegt die gefundene Textstelle die Aussage?

Ja: Nutze die Textstelle
für eine Begründung.
Gib die Zeilennummer an.

Nein: Suche nach weiteren
passenden Textstellen
zur Begründung.

Die Textstelle
in Zeile 5 passt, weil
die großen Ferien ja im
Sommer sind.

Die Reise nach Sundevit

Am Fuße des Leuchtturms von Möwenort, weitab von
jedem Dorf und jeder Stadt, wohnte in einem schönen
alten Rohrdachhaus Timm Tammer.
Er war acht Jahre alt und viel allein, besonders jetzt in
5 den großen Ferien. Eines Morgens, als Timm sehr früh
zum Strand hinunterlief, entdeckte er fünf kleine Zelte,
zwei graue und drei grüne, die Leinwand straff vom Tau
der Nacht. Sie ruhten im Heideland hinter der hohen
Düne, umeinandergeschart wie schlafende Küken.
10 Vor dem obersten Zelt steckte senkrecht im Sand ein
blauer Wimpel. Sein Tuch schlug flink im Wind, und
Timm hörte das hurtige Flattern winzig und fremd vor dem großen
Gebrause der See. Der Wimpel und die Zelte waren einsam, ohne
Wache, keine Menschenseele war zu sehen.
15 Ein schwarzer Kochtopf lag umgestülpt neben dem Wimpelschaft,
und über den Zeltschnüren hingen in bunter Reihe Badehosen und
drei, vier, fünf Badeanzüge.
Also sind auch Mädchen dabei, dachte Timm, und keine Wache.
Sie schlafen die ganze Nacht und lassen alles ohne Wache.
20 Man müsste ihnen den Wimpel rauben.
Dann sah Timm sich um, rundherum, und erschrak ein bisschen.
Zehn Schritte hinter ihm stand ein Junge, stand dort ganz stumm
und blickte aufmerksam herüber. Jetzt kam er näher, und Timm ließ
ihn kommen, rührte sich nicht von der Stelle.
25 Der Junge war lang und dünn und hatte kohlschwarzes Haar bis in
die Stirn. Er war größer als Timm und älter als Timm, so ungefähr
elf bis zwölf Jahre alt. Vor Timm blieb er stehen und sagte: „Na?"
Timm sagte ebenfalls: „Na?", und der Junge fing an zu lächeln,
betrachtete ihn von Kopf bis Fuß und fragte: „Wolltest du was
30 Bestimmtes?"
„Ja", sagte Timm. „Den Wimpel rauben."
„Soso", sagte der Junge und lächelte weiter. „So siehst du aus."

Benno Pludra

🔴 **Die Geschichte spielt am Meer.** Stimmt das?
Begründe mithilfe von zwei Textstellen.
Gib die Zeilen an.

Was da alles rumschwimmt!

Zonja liebt Statistiken* und schwierige Wörter. Und sie sammelt Fragen, auf die sie eine Antwort finden will. In den Sommerferien ist sie am liebsten im Freibad und beobachtet Leute.

In einem Liter Schwimmbadwasser befinden sich in Deutschland zwischen 0,5 und 2 Milligramm Chlor. Das Chlor dient dem Desinfizieren des Wassers, weil es Bakterien und Algen abtötet. Das ist wichtig, wenn man sieht, wer an so einem Freibadtag alles ins Schwimmbecken steigt. An einem überdurchschnittlich heißen
5 Tag habe ich mal zweihundertvier Menschen gezählt. Und jeder von diesen Menschen hat vorher geschwitzt, sich mit Sonnenmilch eingecremt oder seine Haare mit einer großen Handvoll Gel verschönert, so glibberig wie gequirlte Salzwasserquallen. Nicht nur Kinder sind zu langsam oder zu faul, das Becken zu verlassen, wenn sie mal müssen. Von oben trudeln die Blätter der alten Kastanien-
10 bäume ins Bad und nicht selten fällt vom Rand eine Pommes ins Wasser. Diese und viele andere Fundstücke sinken gemächlich auf den Grund des Beckens. Diesmal sehe ich im Becken auf Anhieb:

   1 angebissenen Apfel
   1 verlorenen Schließfachschlüssel
15 1 pinkfarbenes Haargummi
   1 rote Kinderbadehose

So weit ist noch nichts
Außergewöhnliches dabei.
Falls ich später mit meiner
20 Schwimmbrille auf Tauchgang
gehe, werde ich mit Sicherheit
noch viel mehr entdecken.

Obwohl es wirklich kein sehr
leiser Ort ist, vor allem im
25 Hochsommer, ist das Freibad
für mich komischerweise
ein Ort der stillen Beobachtung.
Nirgends kann man so gut unter einem Baum sitzen, unbemerkt die Leute beobachten und dabei Statistiken aufstellen. Ich gucke den Leuten beim Pommes-
30 essen zu und zähle mit, wie viele von ihnen den Mund beim Kauen kreisförmig bewegen wie ein Kamel (ungefähr 25 %) und wie viele den Mund nach vorne bewegen, eher so wie Fische, wenn sie Luftblasen ausstoßen (ungefähr 30 %). Der

Rest kaut unauffällig und langweilig. Ich notiere, wie viele sich vorm Duschen drücken, trotz des großen Schilds am Rand VOR DEM BADEN BITTE
35 DUSCHEN (37 %).

Und natürlich sehe ich den Leuten beim Schwimmen zu. Manche schwimmen so krumm und schräg, dass sie alle zwei Meter jemanden ummähen. Andere paddeln wie ein Hund und halten sich dabei zwar über Wasser, kommen dafür aber kaum vorwärts. Und dann die Kinder, die schwimmen lernen. „Ja, und jetzt die Beine,
40 neiiin, du musst auch die Beine bewegen!!", schreien die Väter der untergehenden Kleinkinder.

Heute schluckt auch wieder so ein Kleiner literweise Wasser und schnieft noch lange, bevor ihn der Vater aus dem Wasser zieht. Die alte Frau mit der altmodischen lila Bademütze mit Rosenranken, die aussieht wie ein Königinnenhut,
45 hat dabei schon einige Spritzer abgekriegt. Sie guckt, als hätte sie in eine Zitrone gebissen, ihr Gesicht kriegt so viele Falten wie ein zerknittertes Blatt Papier. Aber sonst ist nicht viel los außer ein paar uralten Männern, die sich die Mitte des Schwimmbeckens erobert haben, um es mit Aquajogging-Schritten zu durchpflügen, und zwei Müttern mit zwei ungefähr dreijährigen Jungen, die am Rand hängen wie
50 kleine Bisamratten mit neonorangen Flügeln.

Und da steht noch einer am Beckenrand. Ein Junge, dünn und groß wie die frisch gepflanzten Birken vorm Friedhof und auch genauso weiß. Mit grasgrüner Badehose und rotblonden Haarsträhnen, die wild vom Kopf abstehen. Aber die Haare sind nicht das Einzige, was vom Kopf absteht. Solche Abstehohren habe
55 ich noch nie gesehen. Da ich ihn von hinten sehe, kann ich das besonders gut beurteilen, weil die Sonne mit schonungsloser Treffsicherheit seine Ohren orangerot durchleuchtet, sodass es aussieht, als hätte er zwei kleine untergehende Sonnen seitlich an seinem Kopf befestigt. Mit diesen Leuchtohren und seiner merkwürdigen Statur sieht er aus wie ein Außerirdischer, der gerade mit seinem Raumschiff mitten
60 im Freibad gelandet ist.

Stefanie Höfler   *Listen, die zeigen, wie häufig etwas vorkommt

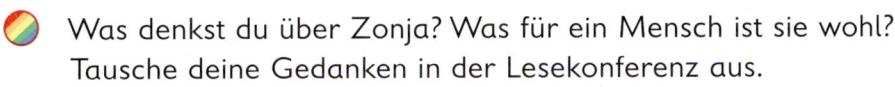
Was denkst du über Zonja? Was für ein Mensch ist sie wohl? Tausche deine Gedanken in der Lesekonferenz aus.

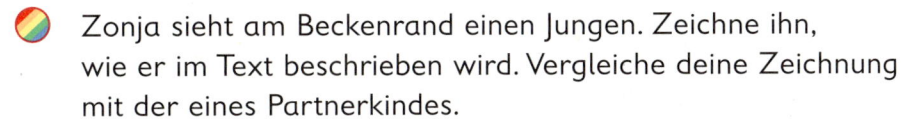
Zonja sieht am Beckenrand einen Jungen. Zeichne ihn, wie er im Text beschrieben wird. Vergleiche deine Zeichnung mit der eines Partnerkindes.

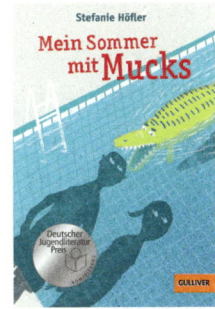

Beliebte Reiseziele

LINITAE   DNESWCHE   BRITGORSANNISEN   KÜTIER

Spiel für den Urlaub

Ich kenne ein Land, das du nicht kennst …

Ein Mitspieler fängt an und denkt sich ein verrücktes Land aus:
„Ich kenne ein Land, das du nicht kennst, da spielen die Affen Flöte.
Dieses Land heißt Filibien."
Der nächste Mitspieler darf das Land genauer erklären.
„In Filibien sind die Menschen sehr müde. Nie aber finden sie Schlaf.
Deshalb murren die Menschen ständig herum. Eines Tages kam ein
Flötenspieler in die Stadt. Durch den Klang seiner Flöte konnten
plötzlich alle Menschen schlafen. Damit nun immer die Flötentöne
erklingen, gaben sie den Affen die Flöten, damit immer jemand Flöte
spielen kann. Mit der Zeit wurden auch die Affen zu wahrhaft
wunderbaren Flötenspielern."

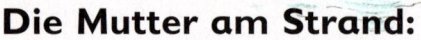

Die Mutter am Strand:

„Wir müssen gehen, Kinder.
Also sagt mir jetzt, wo ihr Papi
vergraben habt."

Abschied mal anders

Güle, güle!

Goodbye!   Adiós!   Au revoir!
Arrivederci!   Güle, güle!   Do widzenia!
Türkisch   Italienisch   Englisch
Polnisch   Spanisch   Französisch

Wer ist Leon?

Martin hat ein blaues T-Shirt an.
Karl trägt nichts Gestreiftes und hat Locken.
Jakob steht nicht neben Leon und liebt Fußball.

Krabbliges

Eine Ameise krabbelt auf einen Baum, der 11 m hoch ist.
Jeden Tag schafft sie 3 m, rutscht dann aber vor
Erschöpfung 1 m wieder herunter.
Wie viele Tage braucht sie, bis sie ihr Ziel erreicht hat?

Witziges

Lehrer: „Welchen Nutzen hat die Sonne?"
Schüler: „Überhaupt keinen! Nachts scheint sie
nicht, und am Tag ist es sowieso hell."

Zungenbrecher

Dreißig Drillinge machen Handstand,
zehn am Sandstrand, zehn am Strandrand,
zehn am Eisstand.

Silbe zu viel – wie heißen diese Sommerwörter richtig?

Sonbanenschirm   Fetarien   Mittsomhammernacht

Fekanderballturnier   Bademotuch   Glühmarwürmchen

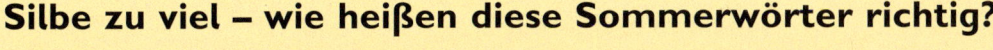

Sommertage

Schönes, grünes, weiches Gras.
Drin liege ich.
Mitten zwischen Butterblumen!

Über mir,
warm,
der Himmel:
ein weites, zitterndes Weiß,
das mir die Augen langsam, ganz langsam
schließt.

Wehende Luft, … ein zartes Summen.

Nun bin ich fern
von jeder Welt,
ein sanftes Rot erfüllt mich ganz,
und deutlich spüre ich,
wie die Sonne mir durchs Blut rinnt –
minutenlang.

Versunken alles. Nur noch ich.

Selig.

Arno Holz

Mein Tag

Ich bin ein kleiner Grashalm auf einer großen Wiese. Jeden Tag strahlt
die Sonne, und mein Tag beginnt. Es summen Bienen an mir rum, es
laufen Ameisen hin und her. Es scheint die Sonne über mir. Bricht mich
jemand ab, bin ich kein kleiner Grashalm mehr auf einer großen Wiese.

Sophia, 9 Jahre

 Welcher der Tag- und Nachttexte auf den Seiten 188 und 189
gefällt dir am besten? Begründe.

Sommernächte

Unterm Nachthimmel

Stehst du auf den Füßen,
hast du die Sterne über dir.

Stehst du auf den Händen,
hast du die Sterne unter dir.

Liegst du auf dem Rücken,
hast du die Sterne vor dir.

Liegst du auf dem Bauch,
hast du die Sterne hinter dir.

Und streckst du die Arme in die Luft,
liegen die Sterne auf deinen Händen.

Anja Tuckermann

Mittsommernacht

Die Mittsommernacht ist für die Länder der nördlichen Halbkugel die kürzeste Nacht des Jahres. Sie wird auch „weiße Nacht" genannt, denn gerade in den skandinavischen Ländern, wie Finnland, Schweden und Norwegen, wird es kaum dunkel. In der Mittsommernacht, die an einem Samstag zwischen dem 20. und 26. Juni liegt, wird daher in vielen Ländern ein großes Fest gefeiert. In Finnland heißt es „Juhanus" und in Schweden „Midsomar". Dort ist es das größte Fest nach Weihnachten, und alle Verwandten, Freunde und Nachbarn treffen sich, um gemeinsam zu feiern. Früher glaubte man, die Mittsommernacht sei magisch und die Natur würde zum Leben erwachen. Dann tanzen die Elfen auf der Wiese und die Trolle stehen hinter den Bäumen im Wald.

● **Die Mittsommernacht wird in den skandinavischen Ländern gefeiert.**
Finde eine passende Textstelle, die diese Aussage belegt.

Tag – Staunen über Sonnenbrillen

Sie sind oft schick und sehen lässig aus. Vor allem aber schützen Sonnenbrillen die Augen vor schädlichen UV-Strahlen – und das nicht nur an hellen Sommertagen. Staunt über fünf helle, grelle Fakten:

1 Im alten Rom soll sich Kaiser Nero zum Schutz vor Sonnenlicht Gladiatorenkämpfe durch einen geschliffenen grünen Smaragd* angeschaut haben. Wer es sich leisten kann …

2 Weil Schnee das Sonnenlicht stark reflektiert und dadurch die Augen gereizt werden, erfanden die Inuit die Schneebrille.
Sie raspelten Schlitze in Seehundknochen und banden sie sich mit Lederriemen vor die Augen.

3 Im 15. Jahrhundert stellte man in Europa die ersten getönten Augengläser her. Hierzu benutzte man Bernstein oder gefärbtes Glas.

4 Lange galten Sonnenbrillen nicht als lässig, sondern lästig. Das änderte sich erst im Zweiten Weltkrieg mit den Brillen, die sich US-amerikanische Piloten auf die Nase setzten: Das Flieger-Modell „Ray-Ban-Aviator" ist bis heute eines der beliebtesten der Welt.

5 Auch Lawinenhunde tragen Sonnenbrillen. Schließlich sind sie oft stundenlang im Schnee unterwegs und besitzen empfindliche Augen.

GEOlino

* Edelstein

● Übe mit einem Partnerkind, den Text flüssig vorzulesen.

◐ Wie kann man sich noch vor der Sonne schützen? Erstellt gemeinsam eine Liste.

○ altersgemäße Texte sinnverstehend lesen – **Basis**
○ eigene Gedanken zu Texten entwickeln, zu Texten Stellung nehmen und mit anderen über Texte sprechen

190

Nacht – Staunen über den Sternenhimmel

In einer besonders warmen, langen Sommernacht macht es Spaß, einmal ganz in Ruhe den Himmel zu beobachten. Geht hinaus auf eine Wiese oder in den Park, manchmal reicht schon der Balkon. Ihr seht unzählig viele Sterne.

Sternbild Cassiopeia

Bestimmte Sterne bilden Muster am Himmel. Das sind die Sternbilder: Bis jetzt sind 88 Sternbilder am Himmel benannt worden. Die zu einem Sternbild gehörigen Sterne scheinen dicht aneinanderzuliegen. In Wirklichkeit sind sie sehr weit voneinander entfernt.

Das auffällige Sternbild der **Cassiopeia** sieht aus wie ein W. Für die alten Griechen war das die hochmütige Königin Cassiopeia, die an den Himmel verbannt wurde. Oft wird das Sternbild auch Himmels-W genannt.

Das Sternbild **Großer Wagen** heißt auch Großer Bär, weil die alten Griechen glaubten, es sei ein verzauberter Bär. Es besteht aus hellen Sternen.

Der Stern, um den sich der ganze Himmel zu drehen scheint, heißt Polaris. Man nennt ihn auch Nordstern oder **Polarstern**: Viele glauben, er sei der hellste Stern des Himmels. Es gibt aber ungefähr 50 Sterne, die heller sind.

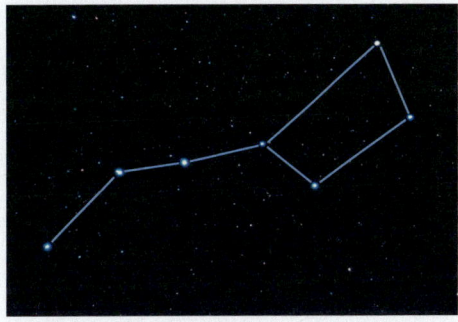

Sternbild Großer Wagen

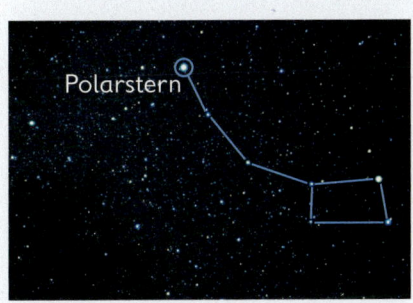

Polarstern

Sternbild Kleiner Wagen

Der Polarstern ist von großer Bedeutung, weil er die Nordrichtung angibt. Mit seiner Hilfe kann man sich überall orientieren. Für die Seefahrer war er früher ebenso wichtig wie ein Kompass. Der Polarstern ist der letzte Stern im Sternbild **Kleiner Wagen**.

● Übe mit einem Partnerkind, den Text flüssig vorzulesen.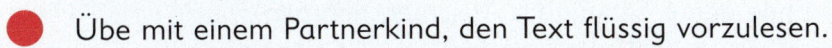

● **Das Sternbild der Cassiopeia zeigt einen verzauberten Bären.**
Stimmt das? Begründe mithilfe von Textstellen.

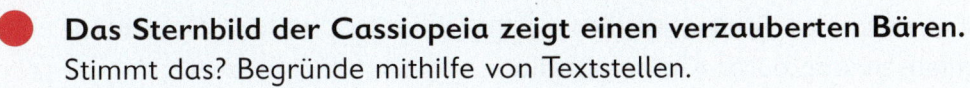

Abschied

Freunde
meine Freunde
an meiner Grundschule
sie bedeuten mir viel
ich werde sie sehr vermissen
Tschüß!

Eva

traurig
trauriger
am traurigsten bin ich
weil ich bald ohne Antonio
in einer neuen Klasse bin

Leon

Ich mag Zoran sehr
Zoran ist ein guter Freund
Ich vergess' ihn nie

Marek

stolz
stolzer,
am stolzesten bin ich
wenn ich bald in eine Schule für die Großen gehe

Alisha

 Für viele heißt es am Ende des 4. Schuljahrs Abschied nehmen.
Beschreibe mit deiner Klasse eure Gedanken in kleinen Gedichten.
Orientiert euch an den Texten auf dieser Seite. Ihr könnt mit den Gedichten
eine Abschiedszeitung eurer Klasse gestalten.

Fachbegriffe (Glossar):

das Abecedarium: Ein Abecedarium ist eine Liste, die nach dem Alphabet sortiert ist. Oft nutzt man ein Abecedarium, um sich besser an den Inhalt eines Textes erinnern zu können.

der Artikel: (1) Der Artikel ist der Begleiter eines Nomens (der, die, das, ein, eine).
(2) Der Artikel in einer Zeitung ist ein redaktioneller Text. Er beantwortet die W-Fragen und gibt Hintergrundinformationen.

die Autorin/der Autor: Eine Autorin/ein Autor schreibt Texte, z.B. für Bücher oder für Zeitungen.

die Ballade: Die Ballade ist ein erzählendes Gedicht mit mehreren ⟶ Strophen. Sie greift oft ein mittelalterliches oder märchenhaftes Thema auf. Die Ballade endet häufig mit einer überraschenden Wendung.

der Bänkelsänger: Früher zogen Bänkelsänger von Ort zu Ort und sangen den Leuten schaurige oder spannende ⟶ Geschichten vor. Diese Art von Geschichten nennt man Moritat. Oft hatten Bänkelsänger große gemalte Bilder dabei, die sie zu ihrem Vortrag zeigten.

der Brief: Ein Brief ist eine auf Papier geschriebene oder gedruckte schriftliche Nachricht. Sie wird meistens von einem Boten übermittelt und enthält eine für einen Empfänger persönliche Nachricht von einem Absender.

der Comic: Comics sind gezeichnete Bildgeschichten. Die Texte sind meist kurz und stehen oft in Sprech- und Denkblasen. Comic ist die Abkürzung von Comicstrip, das bedeutet: komischer Streifen.

das Cover: Der Einband eines Buches heißt Cover.

das Diagramm: In einem Diagramm werden Informationen bildlich dargestellt, z.B. in Form von Säulen, als Kreis oder als Schaubild.

das Elfchen: Elfchen sind Gedichte, die aus elf Wörtern in fünf Zeilen bestehen: 1. Zeile, ein Wort = eine Farbe; 2. Zeile, zwei Wörter = etwas, was diese Farbe hat; 3. Zeile, drei Wörter = wo es ist; 4. Zeile, vier Wörter = noch etwas mehr erzählen; 5. Zeile, ein Wort = ein abschließendes Wort.

die Erzählung: Erzählung ist ein anderes Wort für ⟶ Geschichte. Die Erzählung ist meist kürzer als ein Buch, es gibt weniger Figuren und Handlungen.

die Fabel: Eine Fabel ist eine kurze ⟶ Geschichte, in der Tiere, Pflanzen oder die Elemente wie Menschen handeln. Die Menschen können sich in einer Fabel wie in einem Spiegel wiedererkennen. Aus der Fabel sollen Leser eine Lehre ziehen. Die ersten Fabeln hat Aesop geschrieben, der in Griechenland lebte.

die Fußnote: Eine Fußnote ist eine weiterführende Erklärung eines Wortes in einem Text. Diese Anmerkung steht meist unten auf einer Buchseite, damit man den Text fließend lesen kann.

das Gedicht: Gedichte sind kleine Kunstwerke aus Wörtern. Meist sind sie in kurzen Zeilen (⟶ Versen) geschrieben. Gleich klingende Enden von Versen nennt man ⟶ Reim. Lange Gedichte haben oft mehrere ⟶ Strophen.

die Geschichte: Geschichten erzählen etwas, was wirklich geschehen ist oder was sich jemand ausgedacht hat. Sie können aufgeschrieben oder mündlich erzählt sein. Ein anderes Wort für Geschichte: ⟶ Erzählung.

das Glossar: Das Glossar ist eine Liste von Wörtern mit Erklärungen.

das Haiku: Das Haiku ist eine japanische Gedichtform. Haiku-Gedichte handeln von der Natur, von den Jahreszeiten, von den Elementen Feuer, Wasser, Luft, Erde und von den Beziehungen eines Ichs dazu. Im Japanischen haben Haikus eine feste Silbenzahl. Die drei → Verse enthalten 17 Silben: 1. Zeile = 5 Silben; 2. Zeile = 7 Silben; 3. Zeile = 5 Silben.

die Illustration: Eine Illustration ist eine Zeichnung, die einen danebenstehenden Text erläutert. Illustrationen gibt es häufig in Kinderbüchern. Eine Person, die Illustrationen zeichnet, nennt man Illustrator/Illustratorin.

das Inhaltsverzeichnis: In einem Inhaltsverzeichnis sind alle Kapitel oder Texte aufgelistet, die ein Buch enthält. Seitenzahlen helfen, sich zurechtzufinden. Auch Zeitungen und Zeitschriften haben manchmal Inhaltsverzeichnisse.

das Internet: Das Internet ist ein Netzwerk, das Computer weltweit über Telefonleitungen und Funkkanäle miteinander verbindet (vernetzt). Dadurch entsteht ein weltweites Netz; auf Englisch: WorldWideWeb (www).

das Lapbook: Ein Lapbook ist eine Mappe, auf der zu einem bestimmten Thema Informationen und Bilder gesammelt und geordnet werden. Auf der Mappe kleben verschiedene Formen von kleinen Faltbüchern zum Aufklappen, z.B. Leporellos, Pop-ups oder Stufenbücher.

die Legende: (1) Legenden sind → Geschichten über das Leben der Heiligen. Diese Heiligen werden vorbildlich und gottesgefällig dargestellt, um die Leser oder Hörer zu belehren. Legenden wurden früher in katholischen Klöstern zum Namenstag der Heiligen vorgelesen. Wie die → Sage erzählt die Legende von Menschen, die wirklich gelebt haben. Erzählelement der Legende ist das Wunder.

(2) Eine Legende ist die Liste der Bedeutungen der Symbole, z.B. eines → Diagramms, einer Landkarte oder eines Stadtplanes.

die Lesekonferenz: Eine Lesekonferenz besteht aus drei bis vier Kindern, die sich gemeinsam zu einem Thema austauschen. Jedes Kind kann seine Ideen einbringen und seine Meinung sagen.

die Leserolle: Eine Leserolle dient der Präsentation eines Buches. Außen wird sie mit Titel, Autor/Autorin und Verlag des Buches beschriftet und passend zum Buch gestaltet. Im Inneren befindet sich eingerolltes Papier mit näheren Informationen und selbst gemalten Bildern zum Inhalt des Buches.

das Lexikon: Ein Lexikon ist ein Buch, das zu Wörtern aus vielen Bereichen kurze Erklärungen gibt. Damit man die Wörter gut auffinden kann, sind sie nach dem Alphabet geordnet. Die Mehrzahl von Lexikon heißt Lexika.

das Märchen: Märchen sind besondere → Geschichten, die früher nur mündlich weitergegeben wurden. Viele Märchen beginnen mit „Es war einmal". Im Märchen ereignen sich wunderbare Dinge, die in der Wirklichkeit nicht passieren können. Es kommen merkwürdige Wesen, wie z.B. Hexen und Feen, Riesen und Zwerge oder sprechende Tiere, vor. Am Ende siegt immer das Gute.

der Rap: Ein Rap ist ein Sprechgesang. Das Wort kommt vom englischen R.a.p. = Rhythm and poetry; auf Deutsch: Rhythmus und Poesie.

die Redewendung: So nennt man fest zusammengehörende Wortgruppen, die man nicht wörtlich nehmen darf. Redewendungen drücken oft etwas in einem Bild aus. Ein anderes Wort für Redewendung: Redensart.

der Reim: Als Reim bezeichnet man gleich klingende Enden von zwei → Versen (Endreim).

das Rezept: Ein Rezept ist eine genaue Gebrauchsanleitung zur Zubereitung eines Gerichts.

der Roman: Ein Roman ist eine ausgedachte lange schriftliche → Erzählung.

der Sachtext: Sachtexte informieren über Dinge, Ereignisse oder Zusammenhänge, die es wirklich gibt oder gegeben hat. Sachtexte findest du im Lesebuch z.B. auf den Seiten 21 und 40. Zusätzlich zu Sachbüchern kann man sich über Sachverhalte auch im → Internet informieren.

die Sage: Sagen sind besondere → Geschichten mit einem wahren Kern, die früher mündlich weitergegeben wurden. Die Sage erzählt von einem bestimmten Ort und bestimmten Personen. Sie berichtet über nicht alltägliche, häufig wunderbare Ereignisse. In einer Sage können Tiere sprechen, es gibt Menschen mit übernatürlichen Kräften und wie im → Märchen Hexen, Riesen, Zwerge und andere wunderbare Figuren. Die Sprache ist eher einfach und oft im Dialekt der Region, in der die Sage spielt.

der Schwank: Der Schwank ist eine kurze, komische → Erzählung, in der es häufig um die Verspottung eines Dummen durch einen Schlauen geht. Der Schwank lebt von Späßen und Streichen. Die Sprache ist derb und drastisch. Das Geschehen wird übertrieben dargestellt.

die Spielanleitung: Eine Spielanleitung erklärt die Spielregeln eines Spiels, z.B. die Anzahl der Spieler und die Anordnung der Spielteile zu Spielbeginn.

der Steckbrief: In einem Steckbrief werden knapp und listenartig die wichtigsten Daten einer Person oder eines Tieres genannt. Früher wurden Steckbriefe an öffentlichen Orten aufgehängt, um aus einem Gefängnis geflohene Personen wiederzufinden.

die Strophe: → Gedichte und Lieder haben meist mehrere Strophen. Eine Strophe besteht aus Zeilen (→ Versen), die sich oft reimen.

die Szene: Die Szene ist ein kurzer, abgeschlossener Teil eines Theaterstücks oder eines Films. Man kann eine Szene an unterschiedlichen Sprechern erkennen. In einem szenischen Spiel können einzelne Szenen einer → Geschichte dargestellt werden.

die Tabelle: Eine Tabelle ist eine geordnete Darstellung von Texten. Die Inhalte werden in Zeilen und Spalten angeordnet.

das Tagebuch: In einem Tagebuch werden regelmäßig eigene Erlebnisse, Aktivitäten und Gefühle aufgezeichnet.

der Titel: Ein Titel ist der Name eines Buches (Buchtitel). Auch Filme haben einen Titel.

der Verlag: Im Buchverlag werden Bücher entwickelt. Im Zeitschriftenverlag werden Zeitschriften entwickelt.

der Vers: Eine Reihe nebeneinanderstehender Wörter sind eine Zeile; man nennt sie in einem → Gedicht Vers. Oft wird der Vers durch einen → Reim beendet. Es gibt aber auch reimlose Verse.

der Zungenbrecher: Ein Zungenbrecher ist eine bestimmte Wortfolge ähnlicher Wörter, die schnell mehrmals hintereinander wiederholt werden soll. Zungenbrecher werden häufig zur Belustigung aufgesagt.

Lösungen von den Magazinseiten

16/17 Neue Schulregeln (verdeckte Wörter): Gespenster, davon, hin; Knobelei: Entfernung vom Kino zur Eisdiele = 280 Meter; Zwei in einem: Schule/Leguan, Rechnen/Natter, Aufgaben/Ente, Schulbus/Bussard, Klingel/Elefant; Auf dem Schulflur: Erstklässlerin, Hausmeister, Mathematiklehrer, Schulsekretärin; Finde die 15 Fehler: Vogel, Vogelnest, Kronleuchter, Rechnung an Tafel, Säge, Blumen, Gabel, Zigarette, Opa, Schreibfeder, Hund, Zahnbürste, Karnevalsmaske, Perücke, Engelsflügel; Konzentrations-Tipp (verdeckte Wörter): dir, immer, konzentriert, mach, Übung, vom, nach, zum, deinen, wiederhole, unten, zehnmal

32/33 Pilz-Experten: Hiesen (Wiesen), Pelze (Pilze), ohre (ohne), bollten (sollten), gesocht (gekocht), getessen (gegessen) – Lösungswort: Herbst; Scherzfrage: Herbergen; Herbstentdeckungen: das Eichhörnchen, der Hirsch, die Hagebutte, die Lärche; Wörter: Halloweenparty, Dunkelheit, Zugvögel, Erntedankfest, Blätterfall, Reformationstag, Unwetter, Spätherbst

44/45 Bandwurmwort aus sieben Wörtern: Wunsch-Baum-Blüten-Stempel-Blätter-Farben-Druck; Wünsche wie Wolken: groß, klein, Platz, Marmeladenglas, wünsch; Sprichwortpuzzle: Was man im Traum gewinnt, im selben auch zerrinnt; Traumberufe richtig: Kinderarzt, Tierpflegerin, Buchhändler, Landwirtin, Lehrer, Feuerwehrfrau; Traumfänger-Lösungswort: TRAUM

60/61 Kuckucksei: Freundschaftsrand; Familienrätsel: 13 Kinder, deine Mutter, die Schraubenmutter; Nur ein Satz stimmt: Zeile 4; Wie heißen diese Freunde: LEON, MARIE, FRITZ; Regeln für Lesefreunde: lesen kann glücklich machen; Spruch fürs Freundschaftsbuch (verdeckte Wörter): Adressen, mich, vergessen, dich; Geheimnachricht: Heute trifft sich die ganze Bande um 15 Uhr in der alten Ziegelei. Wir müssen unbedingt mehr über die Mopedfahrer herauskriegen. Kurt glaubt, dass sie die Einbrecher sind.

76/77 Verdrehte Wörter: Eiszeit, Eisbein, Eiswaffel, Eisbär, Eiszapfen, Eisschicht; ✹✹✹ im Dorf: Schnee im Dorf; Worte für Schnee: 1-2-3-5-6-7-8-4-9; Schneewörter: qanik = fallender Schnee, illusaq = Schnee, der zum Bau eines Iglus geeignet ist, aputi = Schnee auf dem Boden, qannialaq = leichter, fallender Schnee; Schneekristalle: Der dritte Schneekristall von links in der oberen Zeile hat keinen Partner; Eisbein: Eisbein mit Sauerkraut, Schweinebeine, aus gespaltenen Röhrenknochen, auf dem Eis

92/93 Wal-Wörter: WALzertanz, WALpurgisnacht, WALze, verWALtung, WALnuss, beWALdet; Wort WAL im Text: 10x; Wie heißen die fünf Wale: Schweinswal, Orca, Finnwal, Grönlandwal, Blauwal; Welche Antwort passt: 1C, 2B, 3A; Schule der Wale: Wale sind Säugetiere; Wahr oder nicht wahr: nicht wahr

106/107 Berühmte Deutsche: Martin Luther, Angela Merkel, Albert Einstein, Cornelia Funke, Johann Sebastian Bach, Johann Wolfgang von Goethe, Karl May, Manuel Neuer; Bayerisch: 1F, 2E, 3B, 4A, 5G, 6D, 7C;

Sorbische Schilder: Vetschau = Wětošow, Trebendorf = Trjebin, Spreetal = Šprjwiny Doł, Neustadt = Nowe Mêsto; Sächsische Wörter: Laadschen = Pantoffeln, Mudschegiebschn = Marienkäfer, Rämmfdl = Brotkanten, Bemme = Schnitte, Fliescher = Flugzeug, Rennsämmeln = Turnschuhe, Griebsch = Kerngehäuse eines Apfels

118/119 Kannst du die Wörter lesen: Ross, Burg, Bänkelsänger, Ritter; Redewendungen: 1B, 2C, 3D, 4A; Rätsel mit einem Fehler: Schollen statt Schellen; Merkwürdige Tiere: Gürteltier, Dromedar, Stachelschwein, Giraffe; Scherzfragen: ein Wasserhahn, ein Pony, ein Angsthase; Wusstest du schon (verdeckte Wörter): Echsen, Merkmalen, Drachen, kennen, beispielsweise, Stacheln, aussehen, auf, erschrecken

132/133 Frühlings-Vogel-Gedicht (verdeckte Wörter): Specht, Meise, Spatz, Fink; Noch ein Vogelrätsel: Kuckuck; Frühlingsgemüse: Spargel; Bauernregel gelogen: Wenn im Mai die Sonne scheint, es im Juni heftig schneit; Zeilen vertauscht: 1-2-3-5-6-4-7-8; Was blüht im Frühling: Flieder, Leberblümchen, Krokus, Narzisse, Primel, Maiglöckchen, Stiefmütterchen

144/145 Welches Wort passt: wiegt, Höhe, den Baum, herstellen, aneinandergereiht; Baumschatten: 1E, 2D, 3A, 4B, 5C; Trinkbecher: 1D, 2C, 3A, 4E, 5B; Runde Sachen (verdeckte Wörter): Kirschkern, Kastanie, Kürbis, Ball, Sonne; Wie heißen die Länder richtig: England, Luxemburg, Niederlande, Russland, Spanien; Welches Wort gibt es nicht: Erdmurmel, Baumwald, Wasserrüssel

160/161 Quiz-Lösungswort: KLAR; Zeitung in verschiedenen Sprachen: Polnisch = gazeta, Englisch = newspaper, Spanisch = periódico, Schwedisch = tidning, Französisch = journal; Medienberufe: Repor(NACH)ter, Fernsehmodera(RICH)tor, Computer(SPRE)spielentwicklerin, Fo(TEN)tografin, Journa(CHER)list – Lösungswort: NACHRICHTENSPRECHER; Wie heißen diese Medien richtig: Buch, Radio, Smartphone; Zeilen vertauscht: 1-4-3-2-5-6-7; Fachwörter (verdeckte Wörter): Website, Link, Suchmaschine, Mail, online, chatten

174/175 Krimi: Heidelberg, Nacht, Hamburg; Wie viel Mal steckt „Krimi" drin: 2x; Kurzkrimi: 1 (mein Sohn), 2 (zweifle), 1 (dein Spürsinn), 4 (Viertelstündchen), 7 (sie benutzt); Verschlüsselte Botschaft: WIR MÜSSEN HERRN GRUNDEIS FOLGEN; Galerie des Grauens: A = Graf Gruselig, B = Baronin Blutegel, C = Graf Grauenvoll, D = Gräfin Grauenvoll, E = Baron Borstig; Vampiriges: Würmerlungen, Fledermausleber, Spinnenohren, Froschaugen, Tarantelherz

186/187 Beliebte Reiseziele: ITALIEN, SCHWEDEN, GROSSBRITANNIEN, TÜRKEI; Abschied mal anders: Englisch = Goodbye! Französisch = Au revoir! Polnisch = Do widzenia! Türkisch = Güle, güle! Italienisch = Arrivederci! Spanisch = Adiós! Wer ist Leon: das Kind ganz links; Krabbliges: 5 Tage; Sommerwörter: Sonnenschirm, Ferien, Mittsommernacht, Federballturnier, Badetuch, Glühwürmchen

Inhalt nach dem Abc

Quellen

Textquellen

S.34 **Aesop:** Die Grille und die Ameise. Lizenzgeber: Nordsüd Zürich | Übersetzer: Gaertner Hans, 1999

S.15 **Almond, David (T)/Ernst, Alexandra (Ü):** Mina. Ravensburg: Ravensburger Buchverlag Otto Maier GmbH 2011 (gekürzt)

S.16 **Anger-Schmidt, Gerda:** Alles in Butter, liebe Mutter! Wien: Dachs-Verlag GmbH 1998 (gekürzt)

S.44 **Anger-Schmidt, Gerda:** Neun nackte Nilpferddamen. St.Pölten u.a.: NP Buchverlag 2003 (bearbeitet)

S.145 **Anger-Schmidt, Gerda:** Neun nackte Nilpferddamen. St.Pölten u.a.: NP Buchverlag 2003 (gekürzt)

S.43 **Apitz, Luise:** © Luise Apitz

S.54 **Ausländer, Rose:** Im Aschenregen die Spur deines Namens. Frankfurt/M.: S.Fischer Verlag GmbH 1984

S.120 **Baltscheit, Martin:** So ist das Leben. Hamburg: Carlsen Verlag GmbH 2015

S.48 **Baumann, Hans:** Die Reise um die Erde (Alaska). Aus: Leselöwen-Wunschmärchen. Ersterscheinen: 1984 Loewes Verlag. Bayreuth © 2013 Veronika Braune-Baumann

S.91 **Baur, Manfred:** WAS IST WAS: Wale und Delfine. Die sanften Riesen. Nürnberg: Tessloff Verlag 2013 (gekürzt)

S.74 **Berner, Rotraut Susanne:** Dezember. In: Hans-Joachim Gelberg (Hg.): Wo kommen die Worte her? Weinheim, Basel: Beltz & Gelberg in der Verlagsgruppe Beltz 2011

S.122 **Bingham, Caroline (T)/Sixt, Eva (Ü):** Bsss. München: Dorling Kindersley 2008 (bearbeitet)

S.55 **Blissenbach, Rosita:** In der Nacht. In: Hans-Joachim Gelberg (Hg.): Großer Ozean. Weinheim, Basel: Beltz Verlag 2000

S.172 **Blyton, Enid (T)/Mooshammer-Lohrer, Marita (Ü):** Fünf Freunde und das Burgverlies. Sonderausgabe: München: Omnibus – Random House 2006 (gekürzt)

S.108 **Brecht, Bertolt:** Gesammelte Werke. Bd.9. Frankfurt/Main: Suhrkamp Verlag 1967

S.28 **Busley, Benedicta:** Herbst. In: Laurentius und Wendelin Haverkamp (Hg.): Der Himmel über 'm Aasebakken: 33 Gedichte und 1 Geschichte. Aachen: Einhard Verlag 1998

S.152 **Damm, Antje:** Ist 7 viel? Frankfurt/M.: Moritz Verlag 2013 (2003) (gekürzt)

S.36 **Döhl, Reinhard:** Apfel. In: Eugen Gomringer (Hg.): konkrete poesie. Stuttgart: Philipp Reclam jun. GmbH & Co.KG 2014 (1972)

S.148 **Dubois, Claude K. (T)/Scheffel, Tobias (Ü):** Akim rennt. Frankfurt/M.: Moritz Verlag 2013

S.77 **Dückers, Tanja:** Katzenaugen-grüne-Trauben-Blitzer-Glitzer-Geistergrün. München: Carl Hanser Verlag 2015 (bearbeitet)

S.130 **Dumas, Kristina:** Japan – Von Bambusmatten und rosa Kirschblüten. In: BR-Kinderinsel: http://www.br-online.de/kinder/fragen-verstehen/wissen/2004/00493/ (Zugriff 23.06.2016) (gekürzt)

S.29 **Ebner-Eschenbach, Marie von (T)/Klein, Johannes (Hg.):** Gesamtausgabe Bd.1: Das Gemeindekind, Novellen, Aphorismen. Winkler-Verlag München 1956

S.65 **Eckert, Nadine:** Streitschlichter: Helfen statt wegschauen. In: GEOlino. http://www.geo.de/GEOlino/mensch/streitschlichter-helfen-statt-wegschauen-3775.html (Zugriff: 06.06.2016) (gekürzt)

S.75 **Eichendorff, Joseph von (T)/Nationale Forschungs- und Gedenkstätten der klassischen deutschen Literatur in Weimar (Hg.):** Eichendorffs Werke in einem Band. Berlin, Weimar: Aufbau-Verlag 1969

S.18 **Eilert, Bernd u.a. (Hg.):** Das zweite Buch Otto. Von und mit Otto Waalkes. Hamburg: Rasch und Röhring Verlag 1984 (gekürzt)

S.50 **Epiktet:** Epiktet's Handbüchlein der stoischen Moral. Berlin o.J. Übersetzung: Carl Conz (1864). Auf: http://www.zeno.org/nid/20009165282 (Zugriff vom 13.06.2016) (gekürzt)

S.75 **Erhardt, Heinz:** Das große Heinz-Erhardt-Buch. Hannover: Fackelträger-Verlag GmbH 1970

S.16 **Erichson, Christa:** Von Null bis Zett. Mathematik nachschlagen. Lernbuchverlag in Kooperation mit dem Erhard Friedrich Verlag, Seelze, bei Auer Verlag GmbH, Donauwörth, 2008

S.135 **Fabel aus dem Sudan:** In: Tiermärchen aus aller Welt. Gütersloh: Prisma-Verlag 1979

S.93 **Flessner, Marianne und Bernd:** Käpt'n Blaubärs Quiz- und Lügenbuch. Ravensburg: Ravensburger Buchverlag Otto Maier GmbH 1993 (gekürzt)

S.174 **Frank, Karlhans und Maar, Paul:** Vom Dach die Schornsteinfeger grüßen mit Taucherflossen an den Füßen. München: Franz Schneider Verlag GmbH 1987 (bearbeitet)

S.139 **Garscha, Karsten (Hg.):** Pablo Neruda – Das lyrische Werk. Bd.3. München: Luchterhand Literaturverlag in der Verlagsgruppe Random House GmbH 2009 (1984) (gekürzt)

S.190 **GEOlino:** Ausgabe 7/2015. Hamburg: G+J Wissen GmbH (bearbeitet)

S.158 **GEOlino:** Ausgabe 1/2016 (Ausschnitte)

S.165 **GEOlino:** Ausgabe 11/2014 und 12/2014. Hamburg: G+J Wissen GmbH (gekürzt)

S.55 **Gigler, Rudolf:** Freund. In: Wolf Harranth (Hg.): Im Pfirsich wohnt der Pfirsichkern. Mödling: Verlag St.Gabriel 1996 (1994)

S.30 **Goethe, Johann Wolfgang von:** Sämtliche Gedichte. Frankfurt/M., Leipzig: Insel 2007

S.167 **Gomringer, Eugen:** Worte sind Schatten. Reinbek: Rowohlt Verlag GmbH 1969

S.156 **Grahovac, Eleonore:** Die Untergrundorganisation. In: Der Tagesspiegel in Zusammenarbeit mit der Senatsverwaltung für Bildung, Wissenschaft und Forschung (Hg.): Das Wunderpapier. Die besten Zeitungsgeschichten von Berliner Schülern. Berlin: Verlag Der Tagesspiegel GmbH 2009 (gekürzt)

S.51 **Grosche, Erwin:** Das Fremde. In: Hans-Joachim Gelberg (Hg.): Oder die Entdeckung der Welt. Weinheim, Basel: Beltz Verlag 1997 (gekürzt)

S.56 **Grün, Max von der:** Vorstadtkrokodile. Reinbek bei Hamburg: Rowohlt Taschenburg Verlag GmbH 1983 (1978) (gekürzt)

S.62 **Guggenmos, Josef:** Der Kürbis und der Apfelkern. In: Sybil Gräfin Schönfeldt (Hg.): Das große Fabelbuch für Kinder. Wien u.a.: Annette Betz Verlag im Verlag Ueberreuter 1997

S.76 **Guggenmos, Josef:** Oh, Verzeihung, sagte die Ameise. Weinheim, Basel: Beltz & Gelberg in der Verlagsgruppe Beltz 2008 (1990) (bearbeitet)

S.145 **Guggenmos, Josef:** Oh, Verzeihung, sagte die Ameise. Weinheim, Basel: Beltz Verlag 1993 (1990)

S.125 **Guggenmos, Josef:** Rundes Schweigen. Hamburg: Hamburger Haiku Verlag 2005

S.55 **Guggenmos, Josef:** Wegwarte. In: Hans-Joachim Gelberg (Hg.): Überall und neben dir. Weinheim, Basel: Beltz Verlag 1989 (1986)

S.106 **Gundelach, Reinhard:** Alexanderplatz. Hilga Cwojdrak u.a. (Hg.): Eine kleine Fledermaus ruht sich auf der Zeder aus. Ein Jahrbuch für Kinder. Berlin: Der Kinderbuchverlag 1981

S.16 **Gundelach, Reinhard:** Moino liobon losondon Kindor! In: Armin Wohlgemuth (Hg.): Albert's bunte Bilderbude. Bd.2. Berlin: Der Kinderbuchverlag Berlin 1989 (1987)

S.105 **Gustas, Aldona:** Querschnitt. Düsseldorf: Verlag Eremiten-Presse 1992

S.117 **Hacks, Peter:** Der Flohmarkt. Berlin: Eulenspiegel – Das Neue Berlin Verlagsgesellschaft mbH & Co.KG 2001

S.118 **Halbey, Hans Adolf (Hg.):** Schmurgelstein so herzbetrunken. München: Deutscher Taschenbuch Verlag GmbH & Co.KG 2001

S.135 **Hebbel, Friedrich:** Der Schmetterling. In: Otto Heuschele (Hg.): Blumen und Schmetterlinge. München: Deutscher Taschenbuch Verlag GmbH & Co.KG 1996 (gekürzt)

S.113 **Hebel, Johann Peter (T)/Theiss, Winfried (Hg.):** Schatzkästlein des rheinischen Hausfreundes. Stuttgart: Philipp Reclam jun. 1981 (bearbeitet)

S.59 **Hein, Christoph:** Freunde. In: Armin Abmeier u.a. (Hg.): Lebens-Mittel (Die Tollen Hefte 22). Frankfurt/M. u.a.: Büchergilde Gutenberg 2003

S.134 **Hesse, Hermann (T)/Sander, Gabriele (Hg.):** Blaue Gedichte. Stuttgart: Philipp Reclam jun. GmbH & Co.KG 2001

S.184 **Höfler, Stefanie:** Mein Sommer mit Mucks. Weinheim, Basel: Beltz & Gelberg in der Verlagsgruppe Beltz 2015 (gekürzt)

S.25 **Holoborod'ko, Vasyl' (T)/Tretner, Andreas (Ü):** Die Namen der Winde. In: Internationale Jugendbibliothek (Hg.): Arche Kinder Kalender 2016. Zürich, Hamburg: Arche Kalender Verlag GmbH 2015

S.188 **Holz, Arno (T)/Schulz, Gerhard (Hg.):** Phantasus. Stuttgart: Philipp Reclam jun. GmbH & Co. 2002 (1968)

S.82 **Issa, Kobayashi (T)/Ulenbrook, Jan (Ü):** Sowohl die Stare … In: Jan Ulenbrook (Hg.): Haiku. Japanische Dreizeiler. Neue Folge. Stuttgart: Philipp Reclam jun. 1998

S.36 **Jandl, Ernst:** Gesammelte Werke 1.Hg. v. Klaus Siblewski. Frankfurt am Main: Luchterhand Literaturverlag GmbH 1990 (1985)

S.94 **Janisch, Heinz:** Glück. In: Edward van de Vendel u.a. (Hg.): Hier wohnt mein Glück. Berlin: Bloomsbury Verlag GmbH 2012

S.41 **Janisch, Heinz:** Kommt ein Boot. St.Pölten u.a.: Residenz Verlag 2012

S.74 **Janisch, Heinz:** Wo kann ich das Glück suchen? Wien: Verlag Jungbrunnen 2015

S.188 **John, Sophia:** © Sophia John

S.128 **Kahlau, Heinz:** Der Rittersporn blüht blau im Korn. München: Middelhauve Verlags GmbH für Der KinderbuchVerlag Berlin 1999 (1972)

S.150 **Karimé, Andrea:** Jonny Himmelblau und das Geheimnis von Schweiger. Düren: Dix Verlag 2015 (gekürzt)

S.64 **Kaster, Armin:** Ferdi, Lutz und ich. Wien: Verlag Jungbrunnen 2014 (gekürzt)

S.169 **Kästner, Erich:** Als ich ein kleiner Junge war. München: Deutscher Taschenbuch Verlag GmbH & Co.KG 2010 (2003) (gekürzt)

S.169 **Kästner, Erich:** Als ich ein kleiner Junge war. München: Deutscher Taschenbuch Verlag GmbH & Co.KG 2010 (2003) (gekürzt)

S.7 **Kästner, Erich:** Ansprache zum Schulbeginn. Gesammelte Schriften für Erwachsene. Band 7. Zürich: Artium Verlag 1969 (gekürzt)

S.169 **Kästner, Erich:** Das fliegende Klassenzimmer. Berlin: Cecilie Dressler Verlag 1971 (gekürzt)

S.170 **Kästner, Erich:** Emil und die Detektive. Ungekürzte Lizenzausgabe der RM Buch und Medien Vertrieb GmbH und der angeschlossenen Buchgemeinschaften © Zürich: Atrium Verlag AG 1935 (gekürzt)

S.30 **Kästner, Erich:** Gesammelte Schriften für Erwachsene. Bd.1: Gedichte. München: Droemer Knaur 1969 © Atrium Verlag AG Zürich

S.169 **Kästner, Erich:** Kurz und bündig. Epigramme. Zürich: Artrium Verlag 1950

S.174 **Kersten, Detlef:** Kommissar Kniepel. München: arsEdition 1998 (bearbeitet)

S.91 **KIDS.Greenpeace:** Wale in Gefahr. In: https://kids.greenpeace.de/taxonomy/term/30?type=knowledge&page=2 (Zugriff: 06.06.2016) (gekürzt)

S.103 **Klaue, Karl-Heinz:** Spreewald. Leipzig: VEB F.A.Brockhaus Verlag 1987 (gekürzt)

S.70 **Klein, Martin:** Alle Jahre Widder. Hamburg: Carlsen Verlag GmbH 2006 (2003) (gekürzt)

S.178 **Koneffke, Jan:** Trippeltrappeltreppe. Köln: Boje Verlag GmbH 2009

S.109 **Kopisch, August:** Die Heinzelmännchen von Köln. Esslingen u.a.: J.F.Schreiber Verlag 1956 (gekürzt)

S.32 **Kruse, Max:** Der Windbräutigam. In: Renate Raecke (Hg.): Das große Max-Kruse-Buch. Ich und du und Müllers Kuh und 1000 Kaffeebohnen. Köln: Boje Verlag in der Bastei Lübbe GmbH & Co.KG 2011

S.136 **Krüss, James:** James' Tierleben. Hamburg: Carlsen Verlag GmbH 2003

S.63 **Krylow, Iwan:** Das gütige Pferd. In: René Rilz: Mein erstes Fabelbuch. München: Franz Schneider Verlag GmbH 1987

S.63 **Krylow, Iwan:** Fabeln. Leipzig: Verlag Philipp Reclam jun. 1988 (1981) (bearbeitet)

S.82 **Kusadao, Nakamura (T)/Ulenbrook, Jan (Ü):** Die schwarzen Schwalben … In: Jan Ulenbrook (Hg.): Haiku. Japanische Dreizeiler. Neue Folge. Stuttgart: Philipp Reclam jun. 1998

S.27 **La Fontaine, Jean de:** Herbstwind und Sonne. In: Rosemarie Wildermuth (Hg.): Der Sonnenbogen. München: Verlag Heinrich Ellermann 1976

S.53 **Leeuwen, Joke van (T)/Ehlers, Hanni (Ü):** Als mein Vater ein Busch wurde und ich meinen Namen verlor. Hildesheim: Gerstenberg Verlag 2012 (gekürzt)

S.62 **Lengren, Zbigniew (T)/Krüss, James (Ü):** Schwarze, weiße und gestreifte Kinder. Berlin: Kinderbuchverlag und Warschau: Nasza Księgarnia 1958

S.37 **Lindemann, Werner:** Sitze am Fenster … © Gitta Lindemann

S.32 **Manz, Hans:** Im Regen gehen. In: Christine Knödler (Hg.): In wenigen Worten die ganze Welt. Stuttgart, Wien: Thienemann Verlag GmbH 2009

S.80 **Matter, Maritgen (T)/Hachmeister, Sylke (Ü):** Ein Schaf fürs Leben. Hamburg: Verlag Friedrich Oetinger GmbH 2003 (bearbeitet)

S.11 **McNaughton, Colin (T)/Nilsson, Johanna (Ü):** Käpt'n Abduls Piratenschule. München: C.Bertelsmann GmbH 1994 (gekürzt)

S.114 **Meier, Martina:** Wie Till Eulenspiegel einem Esel das Lesen beibrachte. Nacherzählt für den Lesekorb. Bergheim: Labbé-Verlag o.J. In: http://www.labbe.de/lesekorb/index.asp?themaid=97&titelId=869 (Zugriff: 07.06.2016)

S.111 **Morgenstern, Christian:** Alle Galgenlieder. Frankfurt/M. u.a.: Büchergilde Gutenberg 2014

S.124 **Morgenstern, Christian:** Alle Galgenlieder. Frankfurt/M. u.a.: Büchergilde Gutenberg 2014 (gekürzt)

S.31 **Morgenstern, Christian (T)/Morgenstern, Margareta (Hg.):** Alle Galgenlieder. Berlin: Verlag Bruno Cassirer 1935

S.129 **Mörike, Eduard:** Sämtliche Werke in zwei Bänden. Bd.1. Düsseldorf, Zürich: Artemis & Winkler Verlag 1997

S.91 **Müller, Simone:** Wale in Not. In: GEOlino extra Nr.56: Wale & Delfine. Hamburg: G+J Wissen GmbH 2016 (gekürzt)

S.66 **Myers, Walter Dean:** Brown Angles. An Album of Pictures and Verse. New York: Harper Collins Publishers 1993. Copyright © 1993 by Walter Dean Myers

S.66 **Myers, Walter Dean:** Hab ihn gern. In: Sharon Creech (T)/Adelheid Zöfel (Ü): Der beste Hund der Welt. Frankfurt/M.: Fischer Taschenbuch Verlag 2003

S.151 **Naoura, Salah:** Matti und Sami und die drei größten Fehler des Universums. Weinheim, Basel: Beltz & Gelberg in der Verlagsgruppe Beltz 2011

S.157 **Nolte, Dorothee:** Denken sich Journalisten ihre Meldungen manchmal aus? In: Der Tagesspiegel in Zusammenarbeit mit der Senatsverwaltung für Bildung, Wissenschaft und Forschung (Hg.): Das Wunderpapier. Die besten Zeitungsgeschichten von Berliner Schülern. Berlin: Verlag Der Tagesspiegel 2009 (bearbeitet)

S.131 **Pak, Pang-Hui (T)/Seelmann, Hoo Nam (Ü):** Ein Karren voll Frühling. In: Internationale Jugendbibliothek (Hg.): Arche Kinder Kalender 2016. Zürich, Hamburg: Arche Kalender Verlag GmbH 2015

S.116 **Pausewang, Gudrun:** Die Prinzessin springt ins Heu. Modautal-Neunkirchen: Anrich Verlag GmbH 1982 (bearbeitet)

S.42 **Petit, Xavier-Laurent (T)/Ott, Bernadette (Ü):** Mein kleines dummes Herz. Hamburg: Dressler Verlag GmbH 2014

S.183 **Pludra, Benno:** Die Reise nach Sundevit. Leipzig: Faber & Faber Verlag GmbH 2006 (gekürzt)

S.162 **Rahlens, Holly Jane (T)/Wasel, Ulrike und Timmermann, Klaus (Ü):** Blätterrauschen. Reinbek: Rowohlt Verlag GmbH 2015 (gekürzt)

S.54 **Ramnek, Hugo:** Herz und Schmerz. In: Hans-Joachim Gelberg (Hg.): Wo kommen die Worte her? Weinheim, Basel: Beltz & Gelberg in der Verlagsgruppe Beltz 2011

S.36 **Rautenberg, Arne:** die vögel am himmel ... In: Edward van de Vendel u.a. (Hg.): Hier wohnt mein Glück. Berlin: Bloomsburry Verlag GmbH 2012

S.39 **Rautenberg, Arne:** montag ist mützenfalschrumtag. Wuppertal: Peter Hammer Verlag GmbH 2014

S.97 **Sayer, Walle:** Schreib. In: Hans-Joachim Gelberg (Hg.): Wo kommen die Worte her? Weinheim, Basel: Beltz & Gelberg in der Verlagsgruppe Beltz 2011

S.146 **Scheub, Ute:** Von Langnasen und Stupsnasen. In: Der Tagesspiegel vom 10.02.2000 © Ute Scheub; http://www.utescheub.de/index_ko.html

S.134 **Schirneck, Hubert:** Der Wolkenkratzer schwingt die Bürste. Berlin: Annette Betz in der Ueberreuter Verlag GmbH 2015 (gekürzt)

S.88 **Scholes, Katherine (T)/Günther, Ulli und Herbert (Ü):** Sams Wal. Ravensburg: Ravensburger Buchverlag 1996 (1990) (gekürzt)

S.62 **Schopenhauer, Arthur:** Die Stachelschweine. In: Sybil Gräfin Schönfeldt (Hg.): Das große Fabelbuch für Kinder. Wien u.a.: Annette Betz Verlag im Verlag Ueberreuter 1997

S.95 **Schubiger, Jörg:** Walgeschichte. In: Hans-Joachim Gelberg (Hg.): Oder die Entdeckung der Welt. Weinheim, Basel: Beltz Verlag 1997

S.143 **Shyam, Bhajju u.a. (T)/Masilamani-Meyer, Eveline (Ü):** Das Geheimnis der Bäume. Zürich: NordSüd Verlag AG 2008

S.83 **Spohn, Jürgen:** Der große Spielbaum. München: C.Bertelsmann Verlag 1979

S.54 **Spohn, Jürgen:** Drunter & Drüber. München: C.Bertelsmann Verlag GmbH 1996 (1981)

S.176 **Steinhöfel, Andreas:** Rico, Oskar und der Diebstahlstein. Hamburg: Carlsen Verlag GmbH 2011 (gekürzt)

S.181 **Steinwart, Anne:** Da haben zwei Katzen gesungen ... Hamburg: Carlsen Verlag GmbH 1992

S.166 **Stemm, Antje von:** Party mit der ZEIT. Artikel vom 29.12.2009. In: http://blog.zeit.de/kinderzeit/2009/12/29/party-mit-der-zeit_4041, (Zugriff: 09.06.2016)

S.29 **Strittmatter, Erwin:** Knospen. In: Schulzendorfer Kramkalender. Berlin: Aufbau Taschenbuch Verlag 2004 Original; Berlin, Weimar: Aufbau-Verlag 1967

S.128 **Strittmatter, Erwin:** Schulzenhofer Kramkalender. Berlin u.a.: Aufbau-Verlag 1989

S.85 **Suchl, Jan (T)/Kondrková, Ingrid (Ü):** Eskimomärchen. Hanau/M.: Verlag Werner Dausien 1999 (bearbeitet)

S.123 **Tak, Bibi Dumon (T)/Blatnik, Meike (Ü):** Kuckuck, Krake, Kakerlake. Berlin: Berlin Verlag GmbH – Bloomsbury Kinderbücher & Jugendbücher 2009

S.127 **Tak, Bibi Dumon (T)/Blatnik, Meike (Ü):** Kuckuck, Krake, Kakerlake. Berlin: Berlin Verlag GmbH – Bloomsbury Kinderbücher & Jugendbücher 2009 (gekürzt)

S.31 **Tieck, Ludwig:** Waldeinsamkeit. In: Ulrike Nickel (Hg.): O schöner, grüner Wald. München: Wilhelm Heyne Verlag GmbH 1983

S.189 **Tuckermann, Anja:** Unterm Nachthimmel. In: Anton Leitner (Hg.): Ein Känguru mit Stöckelschuh. München: Verlag Sankt Michaelsbund 2012

S.35 **Vinci, Leonardo da:** Die Ameise und das Weizenkorn. In: Mascha Schwarz (Hg.): Mit Tulipan durchs ganze Jahr. Berlin: Tulipan Verlag GmbH 2014

S.141 **Wassertropfen:** In: Susanne Niemeyer u.a. (Red.): Typisch! Kleine Geschichten für andere Zeiten. Hamburg: Andere Zeiten e.V. 2005

S.20 **Wendt, Irmela:** Lernen ist wie ... In: Wolfgang Wagerer (Hg.): Gemeinsam sind wir unausstehlich. Wien: Herder & Co. 1993 (1989)

S.159 **Wilhelm, Stefanie:** Wissenstest – Kinderrechte I (Frage 1–2 von 15). Auf: GEOlino online: http://www.geo.de/GEOlino/wissenstests/wissenstest-kinderrechte-i-57911.html (Zugriff: 14.06.2016) (Ausschnitte)

S.61 **Wittkamp, Frantz:** Mein großes Glück bist du. Münster: Coppenrath Verlag GmbH & Co. KG 2009

S.69 **Wolf, Friedrich:** Die Weihnachtsgans Auguste. Berlin: Aufbau-Verlag GmbH 2001 (gekürzt)

S.142 **Yameogo, Steven:** Der Baobab, auch Affenbrotbaum genannt. In: Kinder-Geschichten aus Deutschland und Afrika. Bad Rodach: Jako-o GmbH 2007 (gekürzt)

S.131 **Zartl, Elisabeth:** Blütenwunder. München: Don Bosco Medien GmbH 2009

S.67 **Žemgulytė, Paulina (T)/Sinnig, Claudia (Ü):** Dezember. In: Internationale Jugendbibliothek (Hg.): Arche Kinder Kalender 2013. Zürich, Hamburg: Arche Kalender Verlag GmbH 2012. © Text: Paulina Žemgulytė

S.49 **Zoboli, Giovanna (T)/Induni, Giò (Ü):** Ach, hätt' ich doch ... Wuppertal: Peter Hammer Verlag GmbH 2010

Bildquellen

S.7 Fotolia/Lev Dolgachov; **S.12–14** Erich Kästner (T): Pünktchen und Anton. Ein Comic von Isabel Kreitz. © Isabel Kreitz und Atrium Verlag, Zürich. Für die Textausgabe: Atrium Verlag Zürich 1935; **S.18** Mauritius images/Alamy/Zoonar/Axel Kammerer; **S.21/1** © UNICEF/UNI41101/Mun; **/2** © UNICEF/HQ04-0076/Christine Nesbitt; **S.22/1** mauritius images/Bill Bachmann/Alamy; **/2** laif/Christoph Goedan; **S.23/1** Demokratische Schule in Huamachuco ©Valerio Narvaes Polo, Huamachuco, Peru; **/2** laif/Stephan Gladieu/Le Figaro Magazine; **/3** mauritius images/Alamy/Mario Babiera; **S.25** Fotolia/Denis Zaporozhtsev; **S.36/1+2** Bastelarbeiten: Nathalie Contrael, Berlin; **S.37** Fotolia/bramgino; **S.42** Xavier-Laurent Petit (T)/Eva Schöffmann-Davidov (Ü): Mein kleines dummes Herz. Hamburg: Dressler Verlag GmbH 2014; **S.43/1–3** Bastelarbeiten: Benjamin Ritter, Halle; **S.49** Bastelarbeit: Benjamin Ritter, Halle; **S.51** Fotolia/Denys Kuvaiev; **S.52/1** Leserolle oben links: Marion Gutzmann, Storkow; **/2** Leserolle oben rechts: Benjamin Ritter, Halle; **/3** Leserolle oben in der Mitte und unten samt Lageplan: Constanze Marx, Nordhausen, und Denise Voigt, Büden; **S.53** Illustration und Cover: Als Mein Vater ein Busch wurde und ich meinen Namen verlor. Text und Illustrationen: Joke van Leeuwen, ©2012 Gerstenberg Verlag, Hildesheim; **S.58** Max von der Grün: Vorstadtkrokodile. München: cbj – Random House, 2014; **S.64** Illustration und Cover: Armin Kaster (T)/Susanne Göhlich (I): Ferdi, Lutz und ich. ©Wien: Verlag Jungbrunnen 2014; **S.65** Colourbox; **S.66** Bastelarbeiten: Benjamin Ritter, Halle; **S.67** Colourbox/Aldona Pivoriene; **S.69** Cover: Friedrich Wolf/Willi Glasauer (I): Die Weihnachtsgans Auguste. Berlin: ©Aufbau Verlag GmbH 2016; **S.73** Cover: Martin Klein (T)/Kerstin Meyer (I): Alle Jahre Widder. Hörbuch. Gesprochen von Peter Lohmeyer. Hamburg: Hörcompany 2014, ISBN 978-3-942587-78-5; **S.76** Hans-Joachim Gelberg (Hg.): Der bunte Hund Nr.64/April 2003. Weinheim u.a.: Beltz & Gelberg in der Verlagsgruppe Beltz. ©Isabel Pin, Berlin; **S.78/1** epd-bild/Jens Schulze; **/2** Imago/stock&people/epd; **/3** Imago/stock&people/ZUMA Press; **S.79/1** Imago/stock&people/ZUMA Press; **/2** Mauritius images/Alamy/PhotoStock-Israel; **S.80/81** Illustrationen und Cover: Maritgen Matter (T), Anke Faust (I), Sylke Hachmeister (Ü): "Ein Schaf fürs Leben" ©Verlag Friedrich Oetinger, Hamburg 2003; **S.82** deutsche Monatsnamen und japanische Aussprache: Nathalie Contrael, Berlin; **S.83** Corbis/Nature Picture Library/Doc White; **S.84** Seitenskizzen: Nathalie Contrael, Berlin; **S.86/1** F1 online/Masa Ushioda/AGE; **/2** picture-alliance/All Canada Ph; **/3** Mauritius images/Alamy/Accent Alaska.com; **S.87** Wildlife/Bürkel, D.L./jours@wildlife; **S.89/90** Illustration und Cover: Katherine Scholes/Übersetzung Ulli und Herbert Günther: Sams Wal. Illustrationen: Quint Buchholz. ©1996 by Ravensburger Buchverlag Otto Meier GmbH, Ravensburg; **S.91** Imago/stock&people/Ocean Photo; **/2** Manfred Baur: WAS IST WAS Band 085: Wale und Delfine. Die sanften Riesen. Nürnberg: Tessloff Verlag 2013; **/3** GEOlino extra Nr.56: Wale & Delfine. Gruner+Jahr GmbH & Co KG, 2016; **/4** KIDS.greenpeace © Greenpeace e.V., Hamburg; **S.96** zwei Wale in der Mitte: Benjamin Ritter, Halle; **S.97** VISUM/euroluftbild.de; **S.98** Zahlungsgrundlage der Grafiken: Verteilung der Waldfläche in Deutschland nach Baumarten im Jahr 2012, Quelle BMEL, ©Statista 2016; **S.99/1** Karte: Peter Kast; **/2** Zahlungsgrundlage der Grafik: Bevölkerung – Einwohnerzahl der Bundesländer in Deutschland am 31.Dezember 2015, Quelle: Statistisches Bundesamt, ©Statista, Hamburg; **S.100/1** Gerhard Marcks: Bremer Stadtmusikanten: Shutterstock/Dominik Michalek; **/2** Fotolia/ConorCrowe; **/3** Mauritius images/mauritius images/imageBROKER/Holger Weitzel; **S.101/1** Fotolia/Marianne Mayer; **/2** Fotolia/olimeg; **S.104/1** Fotolia/andersphoto; **/2** picture-alliance/Rainer Jensen/dpa; **/3** Rene Sintenis: Berliner Bär: picture-alliance/dpa/Bildagentur-o; **/4** Fotolia/Rudolf Tepfenhart; **S.105/1** Colourbox; **/2** Zahlungsgrundlage der Grafik: Statistik Stadtgrün in Berlin: Senatsverwaltung für Stadtentwicklung und Umwelt, Berlin; **S.111** Fotolia/nokkaew; **S.120/121** Illustrationen und Cover: Martin Baltscheit: So ist das Leben. 111 Geschichten und Gedichte eines Bären mit außergewöhnlicher Einbildungskraft. Hamburg: Carlsen Verlag GmbH 2015; **S.122/1** F1 online/Ton Koene Age; **/2** F1 online/Angelo Cavalli/Robert Harding; **/3** Colourbox/

Urs Flueeler; **/4** Cover: Caroline Bingham (T)/Eva Sixt (Ü): Bsss. München: Dorling Kindersley 2008; **/2** Cover: Frank Hecker/Alamy Stock Photo; **/2** Cover Bibi Dumon Tak (T)/Fleur van der Wel (I)/Meike Blatnik (Ü): Kuckuck, Krake, Kakerlake. © für die deutsche Übersetzung: arsEdition GmbH, München; 2009 erschienen in der Bloomsbury Verlag GmbH, Berlin; **S.124** zwei bunte Tiere: Benjamin Ritter, Halle; **S.125** Mauritius images/Bard Loken; **S.127** Mauritius images/Nature Photographers Ltd/Alamy; **S.130** F1 online/Adam Eastland Age; **S.131** Utagawa Hiroshige: „Ansicht des Fujiyama": BPK/Félicien Faillet; **S.137/1** Fotolia/PixelPower; **/2** Fotolia/Jens Teichmann; **/3** Fotolia/mhp; **/4** Shutterstock/Pixeljoy; **/5** Shutterstock/Bildagentur Zoonar GmbH; **S.139** Fotolia/WavebreakMediaMicro; **S.142/1** Fotolia/Fotolia/sw_stock; **/2** Illustration: Steven Yameogo: Der Baobab, auch Affenbrotbaum genannt. In: Kinder-Geschichten aus Deutschland und Afrika. Seite 141: Kinderzeichnung. Bad Rodach: Jako-o GmbH 2007; **S.143** Illustration und Cover: Illustration: Ram Singh Urveti, „Der leuchtende Sembar". Text und Illustration aus: Bhajju Shyam, Durga Bai, Ram Singh Urveti, „Das Geheimnis der Bäume" © 2008 Baobab Books, Basel, ISBN 978-3-905804-42-3; **S.146/1** Shutterstock/Pete Pahham; **/2** Shutterstock/Arvind Balaraman; **/3** Fotolia/wusuowei; **S.147/1** Fotolia/Riccardo Mayer; **/2** Fotolia/Thomas Berg; **/3** Mauritius images/mauritius images/Prisma Bildagentur AG/Alamy; **S.148/149** Illustrationen und Cover: Claude K.Dubois: Akim rennt. Bilderbuch. aus dem Französischen von Tobias Scheffel. ©2013 Moritz Verlag, Frankfurt am Main; **S.149** Pablo Picasso: „Friedenstaube", 1950: BPK/RMN – Grand Palais/Bulloz. © Succession Picasso/VG Bild-Kunst-Bonn, 2016; **S.150** Cover: Andrea Karimé (T)/Franziska Walther (I): Jonny Himmelblau und das Geheimnis von Schweiger. Düren: DIX Verlag 2015; **S.151** Cover: Salah Naoura: Matti und Sami und die drei größten Fehler des Universums. Gulliver. Weinheim, Basel: Verlagsgruppe Beltz 2016; **S.152** Bastelarbeiten: Benjamin Ritter, Halle; **S.153** Laif/Sylva VILLEROT/REA; **S.154/155** © Alle Rechte vorbehalten. Frankfurter Allgemeine Zeitung, GmbH Frankfurt. Zur Verfügung gestellt vom Frankfurter Allgemeine Archiv; **S.156** Hund: Christa Unzner, Berlin; **S.158** Cover, Inhalt: GEOlino 1/2016. Gruner+Jahr GmbH & Co KG, 2016; Artikel: GEOlino 1/2016. Gruner+Jahr GmbH & Co KG, 2016, Foto: Patricia Kühfuss, Hannover; **S.159** GEOlino. G+J Wissen GmbH, 2016; **S.164/1** Junge („Yannis"): Fotolia/Angela Bragato; **/2** Mädchen („Zhour"): Fotolia/Horst Tomaszewski; **/3** Junge („Oscar"): Fotolia/Jan H. Andersen; **/4** Mädchen („Anna"): Fotolia/WavebreakmediaMicro; **S.165** Laif/Zhou hui/Imaginechina; **S.167** Fotolia/Fotolia/davidscar; **S.168/169** Foto von Erich Kästner: Süddeutsche-Zeitung-DIZ/Gert Mähler; **S.169** Cover: Erich Kästner: Als ich ein kleiner Junge war. Text von Erich Kästner. Einbandgestaltung von Manfred B. Limmroth. Mit Illustrationen von Horst Lemke. Dressler Verlag GmbH, Hamburg 1957; **S.171/1** BPK/Emil und die Detektive. UFA Berlin, 1931; **/2** akg-images/: Emil und die Detektive. Berolina Film, Berlin, 1931; **/3** Interfoto/INTERFOTO/MNG Collection: Emil und die Detektive. Bavaria Filmverleih GmbH, München-Geiselgasteig; Lunaris Film- und Fernsehproduktion GmbH & Co. KG, München; ZDF, Mainz 2001; **/4** Erich Kästner (T)/Walter Trier (I): Emil und die Detektive. © Zürich: Atrium Verlag 1935; **S.172** Das Foto ist anlässlich des Drehs des Kinofilms FÜNF FREUNDE (2012, SamFilm GmbH, Regie: Mike Marzuk) entstanden. © Bernd Spauke/SamFilm, München; **S.173** Interfoto/INTERFOTO/Miller; **S.176/177** Illustration und Cover: Andreas Steinhöfel: Rico, Oskar und der Diebstahlstein. Illustration: Peter Schössow. Hamburg: Carlsen Verlag GmbH 2011; **S.179/1** picture-alliance/picture alliance/CPA Media Co.; **/2** Max Schreck in Nosferatu. Prana-Film, Berlin 1921. Foto: Deutsche Kinemathek, Berlin; **S.181** Mauritius images/Westend61/Hans Clausen; **S.183** Illustration und Cover: Benno Pludra/Hans Baltzer (I): Die Reise nach Sundevit. Weinheim, Basel: Der Kinderbuchverlag in der Verlagsgruppe Beltz 2004; **S.185** Cover: Stefanie Höfler (T)/Franziska Walther (I): Mein Sommer mit Mucks. Gulliver. Weinheim, Basel: Verlagsgruppe Beltz 2016; **S.190/1** Fotolia/vvvita; **/2** Bridgeman/Boltin Picture Library; **/3** Fotolia/i3alda; **/4** GlowImages/ImageBROKER; **S.191/1** Mauritius images/Science Source/Jerry Lodriguss; **/2+3** Mauritius images/Galaxy Picture Library/Alamy